シリーズ
キーワードで読む中国古典
4

治乱のヒストリア

華夷・正統・勢

伊東貴之【編】＋渡邉義浩＋林文孝

法政大学出版局

治乱のヒストリア——華夷・正統・勢　目次

第二章

正統について

林　文孝

総説

1 伝統中国（古典中国）における「歴史」とは？——「空間」性への眺望

伝統中国（古典中国）に「歴史」は存在したか？——王朝交替に象徴されるような、総体としての政治社会の治乱興亡の軌跡なら、無論、確かに存在したし、具体的で詳細・周密な歴史記述についても、古来、他の如何なる文明圏と比較しても、それこそ汗牛充棟、夥しい多大な蓄積があることは、最早、贅言を要すまい（——なお、歴史記述そのものをめぐる諸問題に関しては、余説「乱のヒストリア、治のヒストリア、そして古典中国」（渡邉義浩）において、縷説されるので、「総説」では、むしろ敢えて哲学的・原理的とも言える側面から、些かの問題提起を試みることとしたい）。

しかるに、取り分け、近代以降、ヨーロッパ世界では、中国における「歴史」の「停滞性」、ないしは、「停滞」する「帝国」としての「中国」像が、様々なかたちで変奏されながら、増幅しつつ、ステロタイプ化して定着するといった事態が、殊の外、顕著に見出されてきた。言うまでもなく、その代表例こそが、ヘーゲルの『歴史哲学講義』によって構想され、最も明確なかたちで言説化された、いわゆる「停滞の帝国」、あるいは、「持続の帝国」としての「中国」という表象に他ならない。

東洋人は、精神そのもの、あるいは、人間そのものが、それ自体で自由であることを知らない。自由であることを知らないから、自由ではないのです。かれらは、ひとりが自由であることを知るだけです。が、ひとりだけの自由とは、恣意と激情と愚鈍な情熱にほかならず、ときに、おとなしくおだやかな情熱であることもあるが、それも気質の気まぐれか恣意にすぎません。だから、このひとりは専制君主であるほかなく、自由な人間ではありません。〔…〕

このように、共同体が対立を内部にとりこんで克服するものでないがゆえに、そのありかたは二つの要素に分裂します。一方にあるのは持続する安定したもの、――いわば空間の王国、非歴史的歴史です。〔…〕他方にあるのは、空間的持続に対立する時間の形態です。内部に変化の原理をもたない国家は、他の国家にたいしては無限の変化を見せてたえざる抗争をくりかえし、急速に没落していきます。外に向かう対立と闘争のうちには、個の原理を予感させるものがありますが、それはいまだ無意識の自然の一般性にとどまっていて、個人の魂を照らしだすような光にはなっていません。対外闘争の歴史そのものもいまだ非歴史的な面が強く、というのも、おなじような帝王の没落がくりかえされるだけだからです。以前の豪奢な帝王を、勇気と力と気高い心によって倒した新王が、おなじような衰退と没落の歴史をたどって消えていく。このたえまない変化にいかなる進歩も見られない以上、没落は真の没落とはいえない。歴史はうつってはいくが、そのうつりゆきが、中央アジアでは、一般に、以前の歴史とのつながりを欠いた外面的な変化にすぎないのです。[…]

中国とともに歴史がはじまります。歴史のつたえるところ、中国は最古の国家であり、しかも、その共同体の原理は、この国にとっては、最古の原理であると同時に、最新の原理でもあるのです。すでに見たように、中国が歴史に登場したときのありさまは、いまとかわらない。というのも、客観的な存在とそのもとでの主観的な運動との対立が欠けているために、そこではいかなる変化も生じようがなく、わたしたちが歴史と名づけるもののかわりに、永遠におなじものが再現するからです。中国とインドは、生命力のある前進をうみだすのに必要な二つの要素のうち、それぞれがその一方をわかちもつにすぎず、その意味では、いまだ世界史の外にあるともいえる。[…]

（以上、ヘーゲル 一九九四、それぞれ三九、一七九―一八〇、一九五頁より引用）

ヘーゲルによれば、「世界史」とは、「自由」をその本質とする「精神」の展開過程、その自己実現のプロセスであり、「精神が本来の自己をしだいに正確に知っていく過程を叙述するもの」（同前、三八頁）として定義づけられる。次いで、いわば世俗化したキリスト教的な弁証論に加えて、歴史の発展段階説として結実した進歩主義的な歴史観とも相俟って、その後の近代ヨーロッパ思潮を決定づけるとともに、その「アジア」「東洋」認識や「中国」像はまた、マルクス主義にも継承され、架橋されていくことも、周知の通りである。また、ここで留意すべきは、まず、アフリカや遊牧民の世界が、歴史の埒外に除かれた後、「世界史」の第一段階とされた「東洋」的世界が、いわば大野《おおの》英二郎《えいじろう》の言う「古今を貫く常態」（大野 二〇一一、三九七頁）として、ヘーゲルにとっての同時代の存在でもあるのに対して、ギリシャ的世界やローマ帝国から、ゲルマン的世界へと至るヨーロッパ史のみが、過去から（一九世紀当時の）現在へと繋がる、発展段階的な「歴史」を辿るものとして、非ヨーロッパ世界から、本質的に峻別されている点である。

　総じて、現代の視点から見れば、まさにヨーロッパ中心主義（ユーロセントリズム）やオリエンタリズムの典型として、指弾されても致し方のない、近代ヨーロッパの尊大で不遜な自己意識と称するほかあるまい。但し、かかる問題性を暫く措くとすれば、「東洋」的世界なり、「中国」の「非歴史」性を殊更に言挙げするヘーゲルが、同時にそれを「空間の王国」とも名づけて、いわばそこにおける「空間」性への視座を示唆している点に、ここでは一先ず注目してみたい。

さて、こうした点とも関連して、些か唐突やも知れないが、筆者が「中国」の「歴史」を考える際に時に想起する、対極的とも言える二つの様相、いわば政治社会の完美な理想態と究極的な崩壊の相を描出した文章とを、以下、それぞれ試みに示してみたい。

臣光曰、臣聞天子之職莫大於禮。禮莫大於分、分莫大於名。何謂禮。紀綱是也。何謂分。君臣是也。何謂名。公、侯、卿、大夫是也。

夫以四海之廣、兆民之衆、受制於一人。雖有絶倫之力、高世之智、莫敢不奔走而服役者、豈非以禮為之紀綱哉。是故天子統三公、三公率諸侯、諸侯制卿大夫、卿大夫治士庶人。貴以臨賤、賤以承貴。上之使下、猶心腹之運手足、根本之制支葉。下之事上、猶手足之衛心腹、支葉之庇本根。然後能上下相保而國家治安。故曰、天子之職莫大於禮也。

私、臣・司馬光《しばこう》は、次のように聞き及んでいる。天子たる者の職務としては、礼を履行することほど、重大なものはない。その礼に関しては、分を守ることほど、大切なものはなく、分を守るに当たっては、名を正すことほど、重要なものはない。礼とは何をいうのであろうか。それは、人間や国家社会が履み行うべき道の根本をいうのである。また、分とは何をいうのであろうか。それは、君臣のけじめを指すのである。それでは、名とは何の謂いであろうか。公・侯・卿・大夫の如く、己の分を表した名をいうのである。

そもそもこの広大な世界の無数の民衆が、一人の天子の統御に服しているのである。類い稀なる体力、あるいは、世にも優れた知力の者であっても、日々奔走して、天子のために職務に励んでいるのは、まさにこの礼にもとづき、根本の道である礼に従っているからに他ならない。だからこそ、天子は三公を統御し、三公は諸侯を率い、諸侯は卿・大夫を掌握し、卿・大夫は、士や庶人を治めることが出来るのだ。地位の高い者は、低い者に臨んで、地位の低い者は高い者の指示や意向を承る。上位の者が下位の者を使う時には、恰も胴体が手足を動かし、樹木の根幹が枝葉を支配するように、意のままに操る。他方、下位の者が上位の者に仕える際には、恰も手足が胴体を守り、枝葉が根幹を庇うかの如くするのである。このように、礼に依拠して、礼を遵守することによって、初めて上下が互いに支え合い、国家も平らかに治まり、安泰となるのである。だからこそ、天子の職分は、礼を履行することほど、重大なものはないと言うのである。

（司馬光編『資治通鑑《しじつがん》』巻第一、周紀一・威烈王二三年）

滅亡は私たちだけの運命ではない。生存するすべてのものにある。世界の国々はかつて滅亡した。これら、多くの国々を滅亡させた国々、多くの人種を滅亡させた人種も、やがては滅亡するであろう。滅亡は決して詠嘆すべき個人的悲惨事ではない。もっと物理的な、もっと世界の空間法則にしたたった正確な事実である。星の運行や、植物の成長と全く同様な、正確きわまりなく、くりかえされる事実にすぎない。世界という、この大きな構成物は、人間の個体が植物や動物の個体たちの生命をうばい、それを噛みくだきのみくだし、消化して自分の栄養を摂るように、ある民族、ある国家を滅亡させては、自分を維持する栄養をとるものである。[…]

それは日本の文化人にとって、滅亡がまだごく部分的なものであったからにすぎない。彼らは滅亡に対してはいまだ処女であった。処女でないにしても、家庭内においての性交だけの経験に守られていたのである。

これにひきくらべ中国は、滅亡に対して、はるかに全的経験が深かったようである。中国は数回の離縁、数回の奸淫によって、複雑な成熟した情慾を育まれた女体のように見える。中華民族の無抵抗の抵抗の根源は、この成熟した女体の、男ずれした自信ともいえるのである。彼らの文化が、いかに多くの滅亡が生み出すもの、被滅亡者が考案するもの、いわゆる中国的慧知をゆたかにたくわえているか、それは日本人に理解できないほどであろう。

(以上、武田泰淳「滅亡について」、初出は『花』第八号、一九四八年)

前者は、本書の第二章「正統について」(林文孝)の論述とも、関係の深いもので、政治社会における礼教的理念の実現、その方途としての「名分」思想の貫徹による礼教国家の完成を希求した司馬光(一〇一九―一〇八六)が、『荀子《じゅんし》』の客観的な規範主義やその「正名」思想とも分かち難く結びついた人倫的秩序観にもとづいて、名分論を高唱したものであり、その端的な表現として、『資《し》治通鑑《じつがん》』の劈頭を飾る有名な一節である。ここでは、全き礼教的秩序が実現した、完美な理想態としての天下国家、政治社会が、恰も人体や樹木にも比擬されるような、ある種の有機的な生命体として、空間的な拡がりをもって描き出されていることに注意したい。

次いで、後者の武田泰淳《たけだたいじゅん》の述懐もまた、上海での敗戦体験に触発されたものとして、余りにも有名であるが、現在のごく常識的な感覚、剰えいわゆるＰＣ（ポリティカル・コレクトネス）の観点などから見れば、甚だ問題の多い表現には相違ない。しかるに、この文章でも、世界のまさに流動的な実態、その生成と滅亡とを女体の成熟の如き卓抜で老獪な比喩を通して、天体の運行から生命体の摂食や成長という、物理的な「世界の空間法則」にさえ準えている点が注目される。その辺りに、ある意味では、前者とも何某か通底する意識を、更には、一面でヘーゲルの言う「非歴史」な「空間の王国」にも似た感覚や認識を見出すことも可能なのではあるまいか。

2　華夷／正統／勢――「空間」の歴史、または、各章への導入を兼ねて

実際、伝統中国（古典中国）の歴史を考える上では、理念的な意味でも、現実の治乱興亡に即し

て見る場合にも、ある種の「空間性」が、極めて枢要な含意を伴いながら、重大な比重を占めていることが分かる。筆者は決して「東洋」なり「中国」に「非歴史」性を見出そうとする、ヘーゲル流の議論に左袒するものではないが、その限りでは、「空間の王国」といった表現にも、一斑の真実を見出すことが可能であろう。

さて、本書は、こうした伝統中国（古典中国）の「歴史」を考えるに際して、まさに具体的・現実的に歴史を左右した要因としても、また、理念的・観念的な意味においても、極めて重要な意義を担った観点として、「華夷／正統／勢」の三つの概念や要素を取り上げた上で、それぞれ第一章「華夷について」（渡邉義浩）、第二章「正統について」（林文孝）、第三章「勢について」（伊東貴之）という編成で、三人の著者からの視点にもとづいた共著として上梓され、広く読者に問いかけるものである。

ここでは、各章への導入を兼ねて、これら三つの概念やファクターが、如何にある種の「空間性」とも密接に切り結びつつ、伝統中国（古典中国）の「歴史」の総体を深く彩り、形作っているかについて、以下、若干の補説を行いたい。

まず、第一章で詳説される「華夷」概念に関連して、古くは、「五服」ないしは、「九服」といった制度が、一種の理念型的な概念として前提とされ、想定されていたことが知られている。

五百里甸服。百里賦納緫、二百里納銍、三百里納秸服、四百里粟、五百里米。五百里侯服。百里采、二百里男邦、三百里諸侯。五百里綏服。三百里揆文教、二百里奮武衛。五百里要服。三百里夷、二百里蔡。五百里荒服。三百里蛮、二百里流。

王城を去ること五百里内の畿内の地は、甸服《じゅんふく》とする。そのうちの百里以内の地域は、賦として藁も穂も全てを納入することとし、二百里までは、穂つきの上部を納入し、三百里までは、穂を納入し、四百里までは粟〔籾〕を納入し、五百里以内は米〔玄米〕を納入する。その外の五百里〔五百里から千里まで〕の地域を侯服とする。そのうちの百里の地域は、太子の采色とし、次の二百里までを男邦とし、その外の三百里を諸侯の領地とする。侯服の外の五百里を綏服とする。その内側の三百里は、文教で導き、その外側の二百里では武力も行使する。更に外側の五百里を要服とする。そのうちの三百里は夷の居住地であり、その外側の二百里は、罪人を放逐する地域である。要服の外側の五百里は、荒服とする。そのうち三百里は、蛮族の住む地域であり、その外側の二百里は、罪人を放逐する地域である。

（『尚書』（『書経』）禹貢篇）

ここで「服」とは、天子に服従すること、また「服属」の謂であり、『尚書《しょうしょ》』（『書経《しょきょう》』）禹貢《うこう》篇では、伝説上の聖王である禹《う》が、天下（より限定的には中華の地）を「九州」に分け、また、「五服」の制度を定めたとされる。このうち、まず、天子や王城を中心として、五百里の地が、天子の直轄地である「甸服」と規定される。理念上、「五服」観念とは、王畿を中心として、四方に五百里ごとに一つの「服制」を設け、そうした服制のうちにも、百里ごとに異なる「職貢」を設定するというものである。

まさに世界の中心に位置すると観念された天子から、その威光や威徳が、まさしく放射線状に拡大しつつ、連続的で同心円的な階層構造や秩序を伴った世界観が示される。すなわち、この服制が、諸侯の国である「侯服」から「綏服」（または「賓服」）へ、やがて蛮夷・戎狄の地である「要服」や「荒服」へという方向で、より外側へと向かい、多層的に不断に拡大していくのに伴って、そこでの教化の程度や統治力の強度は、漸次、稀薄化し、逓減していくのである。因みに、「五服」の説のバリエーションとして、同じく『尚書』（『書経』）康誥《こうこう》篇のほか、『周礼《しゅらい》』職方氏《しょくほうし》などでは、周公が王畿千里の外に、「侯・甸・男・采・衛・蛮・夷・鎮・藩」の「九服」（このうち、中華の地は衛服までと考えられた）を置いたとされるほか、前述した「五服」の説はまた、『国語《こくご》』や『荀子』などの古典にも見える。

なお、無論、贅言するまでもなく、こうした理念型的な図式や規定は、実在した制度や現実の支配の実態を反映したものではなく、古代の儒家思想にもとづく架空の制度や理念的な世界像であり、極めて観念的な政治地理を表象したにものに他ならない。しかるに、同時にそれが、いわゆる天下的世界観（図1）や中華的世界秩序といった観念を培養して、冊封体制などの基調や根拠ともなり、永く歴史上の現実や実践に対しても、多大な規範力や拘束力を有した点は、到底、見逃すことは出来ない（堀 一九九三、茂木 一九九七、村田 二〇〇〇、張 二〇〇九、ほか参照）。

翻って、現実の歴史上においても、総体としての「中国」史というものが、必ずしも漢民族の独擅場ではなく、彼らを一方の中心としつつも、周辺の諸民族との相剋や抗争、交流と融合といった、相互滲透の長大な歴史を経て、漸次、形作られてきたことは、最早、言を俟たないところである。剰え、漢民族それ自体が、周縁の諸民族との混淆や融合、それらの吸収や併呑によって、膨張を重ねてきたもので、むしろ第一義的には、文化的な連帯感にもとづく民族であり、漢語や漢字、儒教的な礼教として具現化した文明などを共有することを通じて、一体感を醸成してきた集団でもあって、その限りでは、一種のフィクションであることもまた、夙に指摘されるところでもある（以上、橋本 一九八三、宮崎 一九八九、毛利 一九九八、岡田 二〇〇四、川本 二〇〇四、王柯 二〇〇五、費 一九八九、同 二〇〇八など、それぞれ適宜、参照されたい）。

次いで、第二章で縷説される「正統」観念についても、特にそれが高唱された宋代を中心に、やはり地理的な「空間性」の視点にも留意しながら、少しく概括的な展望を試みたい。

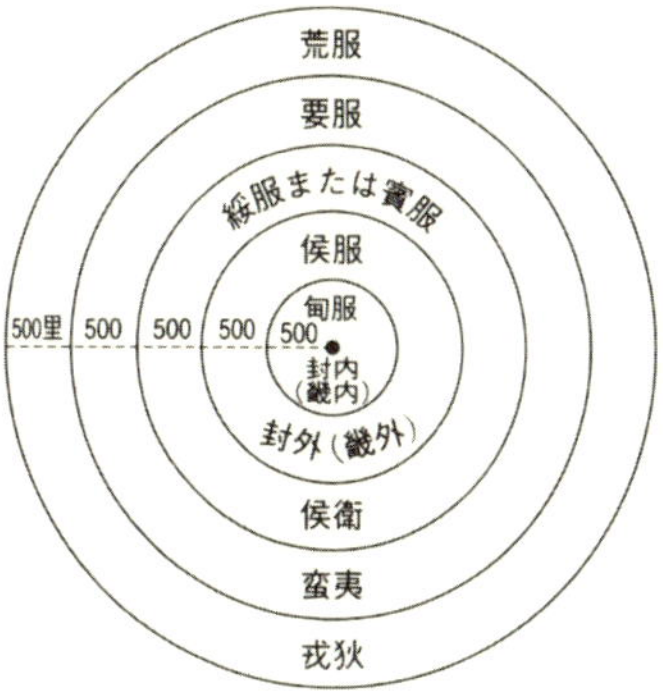

図Ⅰ：天下的世界観
出典：村田 2000：44 より引用

宋代においては、対外的な危機意識の高まりとともに、春秋学の復興とも相俟って、すぐれて当該の思想家の歴史意識とも関わる、正名・名分の論が高唱されたことは、よく知られている。そして、「正統」論こそは、こうした名教理念の顕揚、名分論とも関連して大いに論議の的となったものである。歴史叙述に際しては、各王朝の正統性の決定や認否が最も枢要な関鍵となるが、取り分け、王朝交替の正当性、それが君臣の義に悖った簒奪によるものか否かといった、いわゆる正閏の問題が特に焦点化されたことは、言うまでもない。

主な論点としては、まずは秦の始皇帝《しこうてい》の正閏の問題が挙げられる。これについては、夙に漢代においても、五行説にもとづいて秦を閏位として斥けた事例がある。次いで、魏・呉・蜀の三国が鼎立した三国時代に関する評価が問題視された。まず、『三国志《さんごくし》』を著した晋の陳寿《ちんじゅ》（二三三―二九七）は、（曹）魏を正統の王朝と見做して、呉・蜀を斥けた。これに対して、東晋の習鑿歯《しゅうさくし》（生没年不詳）は、『漢晋春秋《かんしんしゅんじゅう》』を著して論駁を加え、蜀（漢）を正統として主張した。更に南北朝時代には、それぞれの王朝が国史を編纂し、互いを偽として斥けたため、この時期の諸王朝の正偽の弁別が問題化するに至る。こうした錯綜する正統の判別の基準として、唐の皇甫湜《こうほしょく》（七七七?―八三五?）は、「徳・時・力・義」の四者を挙げている。

宋代には、五代の梁を簒奪者（偽梁）として見做すべきか否かという問題が表面化した。まず、薛居正《せつきょせい》（九一二―九八一）が勅命を奉じて編纂した『五代史《ごだいし》』では、梁を正統の列に加えたが、同書を名分論にもとづいて批判的に修正することを意図した欧陽脩《おうようしゅう》（一〇〇七―一〇七二）の『新五代史』

もまた、これを踏襲したため、数多の論争が惹起された。これに対して、欧陽脩は、「正統論《せいとうろん》」（『欧陽文忠公文集《おうようぶんちゅうこうぶんしゅう》』巻十六）を著して、自己の立場を整理しつつ、改めて闡明することを試みた。すなわち「君子は正に居るを大（尚）ぶ」、「王者は一統を大ぶ」とされ、真の「正統」とは、「天下の正に居り天下を一に合する」ものとして、一定の規範的な定式化を見た。しかしながら、欧陽脩の議論は、一面で、この問題に対する原理的な考察に止まり、天下の分有の是非や王朝の連続性の認定に関して、決定的な解決策を提示するには、必ずしも至らなかった。彼の所説には、天下の統一性を重要視する傾きがあるが、章望之《しょうぼうし》（生没年不詳）は「明統論《めいとうろん》」を著して、道徳的な観点を強調する立場から、改めてこれに反駁を加えた。そこでは「正」の契機がより重要視され、「統」の事実が存するものについても「正統／覇統」の区別が主張された。これに対し、蘇軾《そしょく》（一〇三六―一一〇一）の「正統論」は、現実主義的な立場から、一面では、むしろ欧陽脩を擁護するものでもある。

他方、前述した司馬光の『資治通鑑《しじつがん》』では、道徳主義的な歴史観を標榜する一方で、三国では魏を正統として、五代の各朝もそれぞれ正統として立てている。そこには、正閏の問題には深入りせずに、歴史的な現実、すなわち天下の統一という「功業の実」を重視する姿勢とともに、天下の一貫性の条件としての正統王朝の連続性を前提視して、能う限りその空隙を避けたいという、主観的な意図が色濃く滲み出ている。しかしながら、天下の統一性に力点を置いた正統論は、原理的には、宋朝の正統性を否認しかねない危険性を孕むことにもなる。

そこで、朱熹《しゅき》（朱子《しゅし》）（一一三〇―一二〇〇）は、『資治通鑑綱目《しじつがんこうもく》』において、大枠では、司馬光の『資治通鑑』に依拠しつつも、同時に「大居正」を重視して、その道徳的な勧戒主義のニュアンスの度合いを強めている。朱熹によれば、名分を正し、正閏を正すことこそが、何よりも同書の撰述の目的であった。具体的には、三国では蜀（漢）を正統とし、（曹）魏を簒奪者とする正統史観を確立するとともに、南北朝・五代を無統の時代と見做して、事実上、そこでの空隙を認めている。爾来、朱子学の盛行とも相俟って、これがほぼ正統・名分の論の定論となったが、ここで漢族以外の王朝が正統の列から外されているところに、当時の攘夷思想の影響や反映を見ることも可能であろう。こうした点とも関連して、やはり第二章で詳述されるように、やがて異民族王朝としての清朝の治世においては、こうした「正統」論に纏わる言説は、些か後景化していく命運を辿ることにもなるのである（以上、神田 一九四一、西 一九五三、饒 一九七七、林 二〇〇三など、参照）。

以上、いわゆる「正統」論もまた、歴史的な変遷や王朝の隆替、拮抗に対する、現実的、ないしは、理念的・道徳的な判断や評価に止まらず、まさに天下の「合一」や分裂という事態の認定、天下の分有（分割）の是非やその認否など、すぐれて「空間」的なゼロサム・ゲームとでも言うべく、天下なり中華世界それ自体が、独特の政治的・道義的な意味空間として現象している点に、取り分け、注目しておきたい。

その意味では、第三章で瞥見する「勢」概念などの方が、戦略上の「形勢」のように、地理的・空間的な含意も有するものの、大きな流れとしては、やがて歴史的な趨勢を意味する「事勢」や

「時勢」、また、「理勢」といった観念へと収斂していく点で、相対的には、歴史的、ないしは、通時的・継時的なニュアンスや傾向性が強いとも言えるかも知れない。しかるに、その場合でも、同時代的な風俗や制度の良否といった、「空間」的な視点もまた、随伴していることも、同じく第三章で後述される通りである。

そして、こうした「華夷」や「正統」をめぐる諸問題はまた、現実的な事態としてのみならず、同時に、より抽象的な、理念的・観念的な規範性や拘束力としても、伝統中国（古典中国）の枠組みや時代を大きく超越して、近現代の中国にまで、恰も遠い谺のように、繰り返し立ち現れては、反響している点についても、是非とも、注意を喚起しておきたい。

例えば、現代中国の著名な社会学者・人類学者の費孝通《ひこうつう》（一九一〇―二〇〇五）が、一九八八年に香港・中文大学で行った講演にもとづいて、いわゆる「中華民族多元一体（格局／構造）」論を唱えたことは、よく知られるところである。因みに、通常、「中華民族」という呼称や概念それ自体は、当初、清末の政治家・伍廷芳《ごていほう》（一八四二―一九二二）や梁啓超《りょうけいちょう》（一八七三―一九二九）らが、提唱したものとされるが、費孝通の議論は、ある意味で、それらを学術的により洗練化したものとも言える。まさに彼の民族研究の集大成であり、到達点でもあると同時に、他方で、大きな学術上の反響や政治的な賛否を惹起したことでも、慎重な再検討を要するものである。

すなわち、漢民族と他の少数民族とが、各々「中華民族」という実体の裡に包括されて、多言語的・多文化的な複合体を形づくり、漢民族をその中核としつつも、多元的であるとともに、一体化した構造を有するという、まさにその主張の眼目が問題化されたのである。かくして、そこに費孝通自身の内的な動機を汲み取りつつ、各民族の平等性を志向して、漢民族の相対化を意図するものとしても評価される一方で、にも拘わらず、漢民族中心主義的な視点が抜き難く存在すること、延いては、そこに潜む政治性もまた、鋭い批判の対象となるなど、様々な議論を巻き起こしている（費一九八九、同二〇〇八、坂元二〇一四年など、参照）。

その意味では、近年の葛兆光《かつちょうこう》や張啓雄《ちょうけいゆう》の諸氏らによる議論の方が、一見、伝統的な中華的世界観の焼き直しのように見えて、その実、歴史上、周辺の東アジアに展開した諸国家・諸王朝の独自性や存立の意義を認めて、中国の天下主義的な自尊・自大の意識や民族主義的な感情の抑制を提唱するなど、より理性的な論調を強めていると見ることが出来よう（葛二〇一四、張二〇〇九、参照）。

翻って、戦後の中国（中華人民共和国）と台湾（中華民国政府）との確執や対立・葛藤の裡に、現代における政治体制の違いや分断国家といった問題を超えて、古来の「正統」争いの遠い反響や残影を見ることもまた、強ち牽強付会とは言えないのではなかろうか。国連をはじめ、国際場裏での「二つの中国」をめぐる確執から、一九七一年のアルバニア決議を経て、中華人民共和国による国連の「中国代表権」の獲得と一方での台湾の国連からの脱退は、国連が「正統な中国」と認める国家が、中華民国（台湾）から中華人民共和国へと転換したことを意味するものであり、その後、日米をはじめとする多くの国々が、「一つの中国」の原則を承認することで、中華人民共和国との国交を締結したのである。

加えて、事は政治的な「正統性」の争奪には止まらない。そもそも、東アジアの前近代において、中国・朝鮮・琉球の各王朝はもとより、日本の幕府や諸藩にあっても、孔子廟とそこで実施される釋奠は、一面でそれぞれの政権の正統性を宣言する役割を担いつつ、同時に「正しい儒教文化」の在り方を人びとに対して、視覚的・聴覚的にも表象する、いわば政治的・象徴的な儀礼空間としての機能を果たしていた。こうした孔子廟や釋奠の有する政治的・文化的な性格や象徴的な儀礼性は、取り分け台湾において、現在に至るまで、きわめて顕著なかたちで存続している。すなわち、国家や政権が、儒教文化に対して、政治的かつ文化的・象徴的な意味づけを与え、現代的・同時代的な価値を賦与するという行為が、正式に法制化された国家的事業としても、実践されているのである。

元来、中国大陸で成立した中華民国政府(国民党政府)は、当初から、孔子廟や釋奠の在り方に対して、積極的な関与を行ってきた。加えて、いわゆる「遷台」(台湾に移ることを指す)の後には、中国大陸の共産党政権との差異化・差別化を図る意味からも、そうした姿勢は、更に顕著になった。取り分け、一九六六年から、中国大陸の共産党政権の下、文化大革命が開始されるに及んで、台湾の国民党政府は、まさにこれに対抗するかたちで、いわゆる「中華文化復興運動」を展開した。そこでは、孔子《こうし》を「中華文化」の定礎者であるとする一方で、「国父」である孫文《そんぶん》が、まさにその「道統」を継承して、中華文化を集大成した者として位置づけられ、儒教文化の称揚こそが、「中華文化復興」の目的であると高唱されたのである(水口 二〇〇八)。こうした点にも、伝統中国(古典中国）の政治文化の象徴的・儀礼的な含意、その尽きない命脈や残響の一斑を触知することが出来よう。

3 「歴史」を再考する――偶然性・中立性と流動性の坩堝へ

以上、筆者は、動もすれば、「華夷」や「正統」といった概念の規範性や持続力について、一面で過大視した傾きもあるやも知れない。加えて、伝統中国（古典中国）の歴史における「空間性」の契機を些か重大視し過ぎたかも知れない。

前述したような、ヘーゲル流の「非歴史」的な「停滞の帝国」「持続の帝国」論には、そろそろ退場を願うとしても、それでは、中国において、実際のところ、言葉の本来の意義における、本質的な「歴史」の「発展」は、やはり見出し難いのであろうか？――そこに看取されるのは、たかだか王朝の交替という意味での「易姓」革命に過ぎず、西欧的な「革命（Revolution）」や「進歩（Progress）」の概念とは、遂に無縁なのであろうか？――また、中国において、その学術史上、西欧近代にも比肩し得る意味での本格的な進歩史観は、遂に皆無だったのであろうか？

因みに、第三章「勢について」でも瞥見する、王夫之《おうふうし》（一六一九―一六九二）の「理勢」合一論的な歴史観のほか、清代中葉の章学誠《しょうがくせい》（一七三八―一八〇一）らのいわゆる「六経皆史」説などを以て、ヘーゲルの歴史哲学やある種の進歩史観に比擬するような見解が、曾ては往々にして見受けられた。しかしながら、そこには、究極の目的論的なシフトやドライブは存在しない。「道」の自己展開の迹や「天理」の一定の顕現をそこに読み取ることは出来ても、歴史を絶対精神の自己実現の過程と捉えて、「理性的なものは現実的であり、現実的なものは理性的である」とするヘーゲルの箴言を読み込むことは、勇み足という他はない（島田 一九六九、川勝 一九八六など、参照）。

> 夫道備於六經、義蘊之匿於前者、章句訓詁足以發明之。事變之出於後者、六經不能言、固貴約六經之旨、而隨時撰述以究大道也。太上立德、其次立功、其次立言、立言與立功相準。蓋必有所需而後從而給之、有所鬱而後從而宣之、有所弊而後從而救之、而非徒誇聲音采色、以為一己之名也。

そもそも「道」は、六経において、完全に具わっているが故に、その成立以前における「義」の蘊奥が、その裡に窃かに累積され、含意されたものは、経書の文章に対する訓詁注釈の営為を通じて、それを明らかにすることが出来る。しかるに、六経の成立以後における「事」の変化に関しては、六経と雖も何ら発言することは不可能であり、かくして、六経の主旨をよく把握して、時に応じて著述を行い、そのことを通じて「道」を究明することが肝要である。〔『左伝』（『春秋左氏伝《しゅんじゅうさしでん》』）襄公《じょうこう》二四年にも〕最上の人物は徳を立て、その次の人物は功績を立て、更にその次の人物は言を立てると言われるように、言を立て、文章や著述を残すことは、聖賢の功績を立てる事業にも準えられるものである。それは、必ず已むを得ない必要があるからこそ、作られるのであり、鬱積するところがあってこそ、述べられるのであり、弊害があるからこそ、救済するのであって、文章とは、ただ徒に言語表現上の美しさを誇り、それによって、著者個人の文名を上げるためのものではないのである。

（章学誠『文史通義』巻二・内篇二、原道・下篇）

章学誠の「六経皆史」説とは、しばしば誤解されるように、経書を史に貶めるものではない。勿論、明学から清朝考証学を通じて、いわば「経学」の「史学」化、「経書」の「史書」化ともいうべき方向性もまた、顕在化していた（井上二〇一一、参照）。しかるに、章学誠の場合、一面では、「事」に即した「義」の追求、前者を通した後者の究明や顕現、両者の究極的な一致が説かれると同時に、「義」への強烈な希求に加えて、『尚書』（『書経』）や『春秋《しゅんじゅう》』に代表される経書を、史書を撰述する際の模範とせよという、歴史主義と伝統的な規範意識との共存もまた、明らかなのである。

また、ここで思い起こされるのは、内藤湖南《ないとうこなん》が提唱した後、宮崎市定《みやざきいちさだ》らをはじめとする、京都学派によって継承された、いわゆる「唐宋変革説（宋近世説）」である。それは、一面では、西欧ルネッサンスや絶対主義などとの類比的な理解にもとづきながら、中国史の相対的な「先進」性を標榜するもので、いわゆる「アジア的停滞論」と鋭く対峙して、マルクス主義的な歴史観に依拠した「宋中世説」や封建性論、また、専制国家論などと激しい論争を展開したことでも知られている。曾て筆者は、この「唐宋変革説（宋近世説）」が、政治社会のドラスティックな変容に加えて、取り分け、哲学・思想史上の観点から見るなら、大筋では支持し得るとの見解を表明しているが、同時に、やはりある種の世界史的な発展法則を前提としつつ、中国史もヨーロッパ史と同轍の発展過程を辿る筈であるとの確信を基調としている点で、問題点も多いことを指摘したところである（伊東二〇〇五、同二〇一四、参照）。

しかるに、ヨーロッパ研究者の側からも、例えば、法制史家の村上淳一《むらかみじゅんいち》は、「近代」の表層としての「普遍性」の基底に、むしろ「偶発性」が存することを原理的に論証して、ある意味では、全ての文明圏の存立の偶然性や中立性を改めて洗い出している（村上一九九二）。翻って「偶然」性の連鎖を事後的・遡及的に観察すれば、結果的には、そこにある種の「必然」性を見出してしまうという、陥穽や顚倒も存在しよう。そうした意味でも、現実問題としても、また、歴史学においても、単線的で自然淘汰的な「進化」論的な比喩は、最早、無効を宣告されつつあるのではないか。これに関連して、木村資生《きむらもとお》の「中立進化説（分子進化の中立説）」などを参照しつつ、自然史から人類史に至るプロセスを再考し、再構成しようとする、遺伝学者の斎藤成也《さいとうなるや》による壮大な問題提起なども、参看に値するところである（木村一九八六、同一九八八、斎藤二〇〇九、同二〇一六）。

無論、現代においても、多様な文明は、単純な「共生」的「棲み分け」に安住している訳ではなく、不断の競合と葛藤の直中にあり、それを踏まえた上での、より高次の「普遍」化への努力が要請されることもまた、言を俟たない。何れにせよ、我々が直面しているのは、「歴史」の「終焉」でもなければ、特定のイデオロギーや価値観、文明への収斂でもない。そこには、民族や宗教上の対立や葛藤という、むしろ歴史的な古層さえ露頭している。ヘーゲル的な目的論（テロス）を欠いた、無限に生々流転し、流動して已まない姿こそが、世界の実相であり、その意味では、古代の中国人が考えた「一治一乱」に象徴される治乱興亡こそが、我々の眼前に展開している事実そのものかも知れないのである。それを記述し、記憶する「物語」としてのヒストリアもまた、必然的に、累積した「治乱」の痕跡を辿るものとならざるを得ないとも言えよう。

底本

司馬光編著『資治通鑑』（全二十冊）、胡三省音注、北京、中華書局、一九五六年（初版）、一九九五年

武田泰淳『滅亡について』、文藝春秋、一九七一年：のち、川西政明編『評論集　滅亡について他三十編』、岩波書店（岩波文庫）、一九九二年

G・W・F・ヘーゲル『歴史哲学講義』（上）、長谷川宏訳、岩波書店（岩波文庫）、一九九四年

章學誠『文史通義校注』（上・下）、葉瑛校注、北京、中華書局、一九八五年：のち、改訂版として、章學誠『文史通義校注』（上・中・下）、葉瑛校注、北京、中華書局（中国史学基本典籍叢書）、二〇一四年

李学勤主編『十三経注疏（標点本）』（全二十六冊）、北京、北京大学出版社、一九九九年

朱熹『朱子全書』（全二十七冊）、朱傑人・厳佐之・劉永翔主編、上海、上海古籍出版社・安徽教育出版社、二〇〇二年。同・修訂本、上海古籍出版社、二〇一〇年
欧陽脩『歐陽修詩文集校箋』（全三冊）、洪本健校箋、上海、上海古籍出版社（中国古典文学叢書）、二〇〇九年（初版）、二〇一二年
歐陽修撰『新五代史』（全三冊）、徐無黨註、北京、中華書局（點校本二十四史修訂本）、二〇一一年

参考文献

九鬼周造『偶然性の問題』、岩波書店、一九三五年（初版）：のち、岩波文庫、二〇一二年
神田喜一郎「支那史学に現はれたる倫理思想」、『岩波講座・倫理学』第十冊、岩波書店、一九四一年
内藤湖南『中国近世史』、弘文堂、一九四七年：のち、『支那近世史』として、『内藤湖南全集』第十巻、筑摩書房、一九六九年所収
宮崎市定『東洋的近世』、教育タイムズ社、一九五〇年：のち、『東洋的近世』、中央公論社（中公文庫）、一九九二年（他にも、『アジア史論考』（上）、朝日新聞社、一九七六年、『東洋における素朴主義の民族と文明主義の社会』、平凡社（東洋文庫）、一九八九年、『宮崎市定全集・第2巻　東洋史』、岩波書店、一九九二年、『アジア史論』、中央公論新社（中公クラシックス）、二〇〇二年にそれぞれ再録）
西順蔵「北宋その他の正統論」、『一橋論叢』第三〇巻・第五号、一九五三年：のち『中国思想論集』、筑摩書房、一九六九年、所収。更には、『西順蔵著作集　第一巻』、内山書店、一九九五年に再録
島田虔次「歴史的理性批判——「六経皆史」の説」、岩波講座『哲学Ⅳ・歴史の哲学』、一九六九年所収：のち『中国思想史の研究』、京都大学学術出版会、二〇〇二年に再録
司馬光／頼惟勤・石川忠久編『資治通鑑選』、平凡社（中国古典文学大系・第十四巻）、一九七〇年
三浦國雄「資治通鑑考」、『日本中国学会報』第二三集、一九七一年
ジャック・モノー『偶然と必然——現代生物学の思想的問いかけ』、渡辺格・村上光彦訳、みすず書房、一九七二年
川勝義雄『史学論集』、朝日新聞社（中国文明選・第十二巻）、一九七三年

武田泰淳『身心快楽　自伝』、創樹社、一九七七年：のち、川西政明編『身心快楽――武田泰淳随筆選』、講談社（講談社文芸文庫）、二〇〇三年
饒宗頤『中國史學史上之正統論』、香港、龍門書店、一九七七年：のち、上海、上海遠東出版社、一九九六年、更には、『饒宗頤二十世紀学術文集』第八冊、台北、新文豊出版公司、二〇〇三年
橋本萬太郎編『民族の世界史・5　漢民族と中国社会』、山川出版社、一九八三年
川勝義雄『中国人の歴史意識』、平凡社（平凡社選書九一）、一九八六年：のち、平凡社ライブラリー、一九九三年
木村資生『分子進化の中立説』、向井輝美・日下部真一訳、紀伊國屋書店、一九八六年
木村資生『生物進化を考える』、岩波書店（岩波新書）、一九八八年
費孝通『中華民族多元一体格局』、北京、中央民学院出版社、一九八九年：のち、修訂本、北京、中央民族大学出版社、一九九九年
宮崎市定『東洋における素朴主義の民族と文明主義の社会』、平凡社（東洋文庫）、一九八九年
柄谷行人『終焉をめぐって』、福武書店、一九九〇年：のち、講談社（講談社学術文庫）、一九九五年
岡田英弘・樺山紘一・川田順造・山内昌之編『歴史のある文明・歴史のない文明』、筑摩書房、一九九二年
村上淳一『仮想の近代――西洋的理性とポストモダン』、東京大学出版会、一九九二年
堀敏一『中国と古代東アジア世界――中華的世界と諸民族』、岩波書店、一九九三年
大森荘蔵『時は流れず』、青土社、一九九六年
茂木敏夫『変容する近代東アジアの国際秩序』、山川出版社（世界史リブレット四一）、一九九七年
毛里和子『周縁からの中国――民族と国家』、東京大学出版会、一九九八年
西村成雄編『現代中国の構造変動・3　ナショナリズム――歴史からの接近』、東京大学出版会、二〇〇〇年
村田雄二郎「二〇世紀システムとしての中国ナショナリズム」、西村成雄編『現代中国の構造変動・3　ナショナリズム――歴史からの接近』、東京大学出版会、二〇〇〇年所収
溝口雄三・丸山松幸・池田知久編『中国思想文化事典』、東京大学出版会、二〇〇一年
林文孝「欧陽脩の正統論と歴史叙述」、『中国――社会と文化』第十八号、中国社会文化学会、二〇〇三年

岡田英弘『中国文明の歴史』、講談社（講談社現代新書）、二〇〇四年
川本芳昭『中国史のなかの諸民族』、山川出版社（世界史リブレット六一）、二〇〇四年
坂元ひろ子『中国民族主義の神話――人種・身体・ジェンダー』、岩波書店、二〇一四年
佐藤正幸『歴史認識の時空』、知泉書館、二〇〇四年
伊東貴之『思想としての中国近世』、東京大学出版会、二〇〇五年
王柯『多民族国家　中国』、岩波書店（岩波新書）、二〇〇五年
野家啓一『物語の哲学』、岩波書店（岩波現代文庫）、二〇〇五年
費孝通編著『中華民族の多元一体構造』、西澤治彦・塚田誠之・曽士才・菊池秀明・吉開将人訳、風響社、二〇〇八年
水口拓寿「「中華文化の復興」としての孔子廟改革――一九六八―七〇年の台北孔子廟を焦点として」、『中国伝統文化が現代中国で果たす役割』、東京大学グローバルCOE「共生のための国際哲学教育研究センター」、二〇〇八年
斎藤成也『自然淘汰論から中立進化論へ――進化学のパラダイム転換』、NTT出版、二〇〇九年
張啓雄「中華世界秩序原理の起源――先秦古典の文化的価値」、伊東貴之訳、『中国――社会と文化』第二四号、中国社会文化学会、二〇〇九年
井上進『明清学術変遷史――出版と伝統学術の臨界点』、平凡社、二〇一一年
大野英二郎『停滞の帝国――近代西洋における中国像の変遷』、国書刊行会、二〇一一年
飯田隆・丹治信春・野家啓一・野矢茂樹編『大森荘蔵セレクション』、平凡社（平凡社ライブラリー）、二〇一一年
葛兆光『中国再考――その領域・民族・文化』、辻康吾監修、永田小絵訳、岩波書店（岩波現代文庫）、二〇一四年
伊東貴之「伝統中国をどう捉えるか？――研究史上のポレミックに見る儒教の影」、『現代思想（特集：いまなぜ儒教か）』第四二巻四号、青土社、二〇一四年三月号
福谷彬「『資治通鑑綱目』と朱子の春秋学について――義例説と直書の筆法を中心として」、『東方学』第一二七輯、東方学会、二〇一四年

張啓雄『中國國際秩序原理的轉型——從「以不治治之」到「實効管轄」的清末滿蒙疆藏籌邊論述』、台北・蒙藏委員會、二〇一五年
柄谷行人『定本　柄谷行人文学論集』、岩波書店、二〇一六年
斎藤成也『歴誌主義宣言』、ウエッジ、二〇一六年
野家啓一『歴史を哲学する——七日間の集中講義』、岩波現代文庫、二〇一六年

伊東貴之（本巻編者）

＊なお本シリーズは、東京大学東洋文化研究所の班研究「中国学における概念マップの再構築」の成果でもあることを付言しておく。

第一章　華夷について

「華夷《かい》」とは、華夏《かか》と夷狄《いてき》のことで、中国人が持ち続けてきた民族的自負の思想である。よく用いられる「中華」という言葉は、「華夏」が『尚書《しょうしょ》』（『書経《しょきょう》』）武成《ぶせい》篇、「中国」が『詩経《しきょう》』大雅《たいが》生民《みん》篇・蕩《とう》篇に典拠を持つことに対して、『宋書《そうじょ》』・『晋書《しんじょ》』など六朝《りくちょう》期の典拠しか残らない比較的新しい概念である。自らを華夏・中国などと美称し、四方の民族を東夷《とうい》・西戎《せいじゅう》・北狄《ほくてき》・南蛮《なんばん》（夷狄はその総称）と蔑称することは、エジプトやギリシア、インドにも見られるエスノセントリズム（自民族中心主義）の一つである。しかし、それらと華夷意識との違いは、「華夷の別」を文化による、と考える点にある。華夷を文化概念と認識する中国の特徴は、儒教によって形成された。

　中国民族の古典である『詩経』と『尚書』には、華夷思想の原型となる、自らと他者とを区別する思想が見られる。『詩経』小雅《しょうが》北山には、「溥天《ふてん》の下、王土に非ざるは莫《な》く、率土《そつど》の濱《ひん》、王臣に非ざるは莫し（溥天之下、莫非王土。率土之濱、莫非王臣）」とある。『詩経』に見られる、あまねき空を包む天のもとに、王のものでない土地はなく、地の果てまでも、王の臣でない人はいない、という王土《おうど》・王民《おうみん》思想は、帝王の一元的・排他的な世界支配を象徴する考え方として、華夷思想の根底に置かれ続ける。

また、『尚書』堯典《ぎょうてん》篇には、「〔舜《しゅん》曰く〕遠きを柔《やす》んじ迩《ちか》きを能《よ》くし、徳を惇《あつ》くし允《まこと》に元《よく》し、人を任ずるを難《かた》しとすれば、蛮夷 率《もっ》て服せん〈〔舜曰〕柔遠能迩、惇徳允元、而難任人、蛮夷率服〉」とあり、舜が、遠方の者を安んじ近くの者に親しみ、徳を篤《あつ》くして自ら善に心がけ、人の任命に慎重であるような政治を行えば、蛮夷も服従する、と述べたと伝える。ここには、華夏の徳は夷狄に及ぶことで、王化が進み夷狄も華夏に属する、という華夷思想の具体的な展開が示されている。ただし、『尚書』の中でも堯典篇は、比較的新しい部分で、その成立を秦の統一〔前二二一年〕より後に置く説も有力である。それでも、『尚書』堯典篇は、次に掲げる『孟子《もうし》』とあわせて、中国のエスノセントリズムの特徴となる、華夷の別を文化に求める認識を規定し続ける。

孟子曰、舜生於諸馮、遷於負夏、卒於鳴條。東夷之人也。文王生於岐周、卒於畢郢。西夷之人也。地相去也、千有餘里。世之相後也、千有餘歳。得志行乎中國、若合符節。先聖・後聖、其揆一也。

孟子は言った、「舜は〔東方の〕諸馮《しょふう》に生まれ、負夏《ふか》に遷り住み、鳴條《めいじょう》で卒した。東夷の人である。〔周《しゅう》の〕文王《ぶんおう》は〔西方の〕岐周《きしゅう》に生まれ、畢郢《ひつえい》に卒した。西夷の人である。〔二人の生まれた〕土地は互いに隔たること、千里余りである。時代は互いに隔たること、千年余りである。〔しかし〕志《こころざし》を得て中国で〔道を〕行ったことは、符節を合わせるよう〔同じ〕であった。先聖〔の舜〕も後聖〔の文王〕も、その〔考えや行いは〕揆を一にするのである。

（『孟子』離婁章句下）

『孟子』は、王道の実践者であれば、出身が夷狄であろうとも、その人を華夏と認め、聖人としての称賛を惜しまない。これを日原利国《ひはらとしかず》は、開放的な世界主義（コスモポリタニズム）であるとし、漢民族の優位のもとに、その文化が順調に四方に波及するような状況のとき、中国文化の卓絶を認め、それを教養として学び、王道思想の実現に努めるものであれば、たとえ夷狄でも華夏として遇されるのが、上古からの伝統である、と総括する（日原 一九八六）。また、安部健夫《あべたけお》は、中国の華夷思想が、単なる選民思想を超え、天下観にまで昇華した理由は、秦漢統一帝国への過程において、異民族・異文化の吸収・統合に、必然的に要求された政治思想であるためとしている（安部 一九五六）。

こうした華夷思想を国家として承認した時代は、漢代である。漢代において、文化概念としての華夷を理論化したものは、漢の儒教の中心となった春秋学《しゅんじゅうがく》であった。

1 文化概念としての華夷

華夷思想は、漢代においては、中国の天子（皇帝）が直接支配できない地域を中国の天下観（世界観）の中に取り込むための思想的営為として展開された。その結果として、漢代に成立した「古典《こてん》中国《ちゅうごく》」（自らが生きる国家や社会が限界を迎えるとき、中国が「古典」とすべき国家像で、「儒教国家」の国制として後漢《ごかん》の章帝《しょうてい》期に白虎観《びゃっこかん》会議により定められた中国の古典的国制と、それを正統化する儒教の経義により形成された（渡邉 二〇一五を参照））において、華夷思想は、華夏と夷狄の別を道義の有無、習俗や制度の相違といった文化的な概念により規定することが定まった。礼と徳の有無により華夏と夷狄を区別するのである。ここでは、春秋三伝（公羊《くよう》伝・穀梁《こくりょう》伝・左氏《さし》伝）の相違に即して（渡邉 二〇〇八を参照）、そうした理解が形成されるに至るまでの過程を明らかにしていこう。

1 春秋公羊学

前漢《ぜんかん》において、最も早くから国家支配の正統化につとめた春秋公羊学は、華と夷とを分かつ基準を文化的な優劣に置く。したがって、夷狄が華夏の徳化を受け入れ、「進」むことができれば、その差別は撤廃される。夷狄から華夏へと移り得るのである。たとえば、『春秋公羊伝』のはじめでは、「荊人《けいひと》」と州名で呼ばれていた楚は、やがて「楚人《そひと》」と国名で呼ばれるようになり、遂には「楚子《そし》」と子爵によって呼ばれるに至る。楚の教化が進み、夷狄から華夏へと進んだためである。公羊伝に注《ちゅう》（解釈）をつけた後漢の何休《かきゅう》は、これを、「夷狄 進みて爵に至る（夷狄進至於爵）」（『春秋公羊伝注疏《ちゅうそ》』巻一 隠公《いんこう》元年）事例の一つとしている。

一方でまた、公羊伝の持つ強度の勧戒主義は、華夏を夷狄へと突き落とすこともあった。『孟子』が華夏から夷狄への逆転はあり得ないとすることに対して、公羊伝は、華夏が貶められると夷狄になるとし、華夏と夷狄の相互性を主張する。文化概念によって定まる華夏と夷狄は、華夏の文化が没落すれば、華夏が夷狄となる相互性を持つのである。

そのうえで、公羊伝の華夷思想は、熾烈な攘夷《じょうい》思想を持つことを特徴とする。公羊伝は、夷狄の楚を破った斉《せい》の桓公《かんこう》の覇業を「王者の事（王者之事）」（『春秋公羊伝』僖公四年）である、と高く称揚している。そこには、公羊伝の出現した前漢の景帝《けいてい》期が、高祖《こうそ》劉邦《りゅうほう》以来の対匈奴《きょうど》融和策への反発を見せていたという時代風潮の反映がある。この熾烈な攘夷思想により、公羊伝は、前漢武帝《ぶてい》による匈奴討伐を正統化することができた。

これに対して、後漢末の何休は、公羊学が持っていた強烈な攘夷思想よりも、夷狄を徳化に至らせる理想世界を重視する。何休は、その著『春秋公羊経伝解詁《しゅんじゅうくようけいでんかいこ》』の隠公元年に、次のように注をつけている。

〔伝〕所見異辞、所聞異辞、所伝聞異辞。
〔注〕所見者、謂昭・定・哀、己与父時事也。所聞者、謂文・宣・成・襄、王父時事也。所伝聞者、謂隠・桓・荘・閔・僖、高祖・曾祖時事也。〔…〕於所伝聞之世、見治起於衰乱之中、用心尚麤觕、故内其国而外諸夏。〔…〕於所聞之世、見治升平、内諸夏而外夷狄。〔…〕至所見之世、著治大平、夷狄進至於爵、天下遠近・小大若一。

〔伝〕所見〔の世〕は辞を異にし、所聞〔の世〕は辞を異にし、伝聞〔の世〕は辞を異にする。
〔注〕所見〔の世〕とは、〔魯の〕昭公《しょうこう》・定公《ていこう》・哀公《あいこう》〔の時代〕をいい、自分と父の時の事である。所聞〔の世〕とは、文公《ぶんこう》・宣公《せんこう》・成公《せいこう》・襄公《じょうこう》〔の時代〕をいい、祖父の時の事である。伝聞〔の世〕とは、隠公《いんこう》・桓公《かんこう》・荘公《そうこう》・閔公《びんこう》・僖公《きこう》〔の時代〕をいい、高祖や曾祖父の時の事である。〔…〕伝聞の世では、政治は衰乱の中にあり、心を用いることがなお粗略であり、このため自国は内にするが〔それ以外は〕華夏《かか》の諸国といえども外にする。〔…〕所聞の世では、政治は上り調子となり、このため華夏諸国には自他の区別を設けないが、夷狄《いてき》は外にする。〔…〕所見の世では、政治は太平に至り、夷狄は進んで爵に至り、華夏と夷狄の区別も消滅して、天下はすべて一同に帰するのである。

（『春秋公羊伝注疏』隠公元年）

何休は、衰乱した所伝の世では、自国以外は華夏の諸国といえども外にするが、政治が上向きになる所聞の世では、夷狄は外にしても華夏諸国には自他の区別を設けなくなる。そして、儒教の理想である「大平《たいへい》」（太平）を実現した所見の世では、夷狄は進んで爵に至り、華夏と夷狄の区別も消滅して、天下はすべて一同に帰するというのである。内山俊彦《うちやまとしひこ》は、衰乱の世を周の衰滅の時代（孔子以後の春秋末・戦国・秦）、太平の世をいわゆる「新王」としての漢朝にあたる、としている（内山二〇〇一）。

しかし、何休が生きた後漢の現実は、「大平」とは程遠い有り様となっていた。宦官《かんがん》の人事への介入によって国政は混乱し、それを批判した李膺《りよう》たちは、延熹《えんき》九（一六六）年、「党人《とうじん》」（悪い仲間）として禁錮《きんこ》（仕官を禁止）された。第一次党錮《とうこ》の禁である。何休が党人の領袖である陳蕃《ちんばん》の辟召《へきしょう》（部下として招聘すること）を受けて、現実政治の改革を目指したのは、桓帝《かんてい》の崩御を機に、建寧《けんねい》元（一六八）年、外戚《がいせき》の竇武《とうぶ》が陳蕃を太傅《たいふ》（皇帝の守役、最高官）に抜擢したためであった。ところが、竇武と陳蕃が宦官の誅滅に失敗すると、翌建寧二（一六九）年、何休は第二次党錮の禁に連坐した。自宅に蟄居させられたのである。何休の『春秋公羊経伝解詁』は、こののち党錮を解かれる光和《こうわ》二（一七九）年までの間に著されたものである。

何休の夷狄との共存を目指す発想は、経学的には、穀梁伝《こくりょう》の影響の中から説明できる。『穀梁廃《こくりょうはい》疾《しつ》』を著し、公羊伝の優位を主張した何休であるが、その経典解釈に現れた夷狄観には、穀梁伝の影響を色濃くみることができるのである。また、それと共に、何休は、夷狄を進ませる条件として、夷狄が中国のために軍事力を提供することを高く評価している。その背景には、何休の故君《こくん》（かって辟召をしてくれた上司）である陳蕃の異民族政策の影響があった。

陳蕃は、異民族の反乱に際して、華夏だけではなく夷狄もまた「陛下《へいか》の赤子《せきし》」であるとして、その討伐に反対した。こうした陳蕃の夷狄認識は、夷狄もまた「天地の生む所」である、という何休の夷狄認識に相通じる。陳蕃の方が「陛下の赤子」、すなわち夷狄も中国を構成する一要素であると認識する点において、夷狄と融和的である。これに対して、何休は、激しい攘夷思想を持つ公羊伝という経典に対する解釈の整合性を保つ必要があった。それゆえに、陳蕃ほどには強く夷狄を「陛下の赤子」とは位置づけ得なかった。

それでも、「夷狄 進みて爵に至る」ことによりもたらされる何休の「大平」は、後漢末における国家統治の弛緩と軍隊の弱体化に鑑み、孔子が成立を予知した「聖漢」を立て直していくための軍事的な基盤を、華夏を慕う異民族の軍隊への加入に求めるために行われた経典の解釈であり、現実への提言であった。統治政策としての賢人を得るための選挙制度の改革、経済政策としての民の貧富の差を無くして国家を豊かにするための井田《せいでん》制の主張と共に、何休は、軍事力を立て直すための異民族の軍隊への編入を容易にするための理念として、「夷狄 進みて爵に至る」ことによる「大平」の実現を主張したのである。

これ以降、『春秋公羊伝』は何休注に基づいて解釈されていく。それと共に、夷狄が華夏の文化を受け入れ、中国を軍事的に支援するのであれば、華夏と成り得るという何休の思想は、華夷を文化概念とする中国の特徴として継承されていくのである。

2　春秋穀梁学

強い攘夷思想を内包する公羊伝の注釈者の何休が、夷狄が進んで爵に至ることを中国の「大平」であると公羊伝を解釈するような、公羊学派の変容をもたらしたものは、経学的には、春秋穀梁学の影響である。前漢宣帝《せんてい》期に、匈奴との融和を背景に出現した穀梁伝は、華夷混一《かいこんいつ》の理想社会を次のように描いている。

〔経〕公会晉侯及呉子于黄池。
〔伝〕黄池之会、呉子進乎哉、遂子矣。呉夷狄之国也、祝髪文身、欲因魯之礼因晉之権、而請冠端而襲、其藉于成周、以尊天王、呉進矣。呉東方之大国也、累累致小国、以会諸侯、以合乎中国。呉能爲之、則不臣乎、呉進矣。王尊称也、子卑称也。辞尊称而居卑称、以会乎諸侯、以尊天王。呉王夫差曰、好冠来。孔子曰、大矣哉、夫差未能言冠而欲冠也。

〔経〕魯公《ろこう》は晉侯《しんこう》と呉子《ごし》と黄池《こうち》で会盟《かいめい》した。
〔伝〕黄池の会に、呉子は進んだのである、かくて〔呉〕子と〔爵で〕よぶ。呉は夷狄の国であり、断髪して文身《いれずみ》をしているが、魯の礼により晋の権によって、〔朝服である〕玄冠《げんかん》をつけ玄端《げんたん》の衣を着て相い襲《かさ》ね、成周《せいしゅう》に貢を献じ、天王《てんおう》を尊重して、呉は進んだ。呉は東方の大国であり、しばしば小国を致らせ、諸侯と会盟して、中国と合わせようとした。呉がそれをすれば、〔呉は中国の〕臣下でないことがあろうか、呉は進んだのである。王は尊称であり、子《し》は卑称である。尊称を辞退して卑称に居り、そして諸侯を会盟して、天王を尊重した。呉王の夫差《ふさ》は、「好《よ》き冠を」と求めた。孔子は、「大いなるかな、夫差は冠の名も言えないのに冠を求めた」と称《たた》えた。

（『春秋穀梁伝注疏』哀公十三年）

穀梁伝は、夷狄である呉子が、魯公および晋侯と黄池に会盟したことを高く評価する。経文に「呉子」と子爵を付けて記されているのは、呉が王の自称を辞し、子と称したためである。そして、東方の大国として諸侯を会盟し、周王を尊んだことを褒めるためである。孔子は、呉王の夫差が「好き冠を」と求めたことを、「冠の名も言えないのに冠を求めた」と称賛した、という。穀梁伝の中には、呉が夷狄より「進んだ」ことが三たび書され、孔子の口を借りて「大いなるかな」と、夫差が絶賛されている。山田琢《やまだたく》に依れば、この夫差論は、続く哀公十四年の穀梁伝が、麒麟《きりん》を孔子のために出現したと解釈する理由となっており、孔子の理想が、夷狄も進んで中国の礼に合致した華夷混一の世界の実現に在ることを示したものである、という（山田 一九五八）。

穀梁伝は、孔子の華夷混一の理想が成就した証として、麒麟が孔子のために出現したと説いて、華夏と夷狄が共存する正統性を示した。これが、公羊伝に大きな影響を与えた穀梁伝の華夷思想である。

3　春秋左氏学

春秋穀梁学の影響のもと、本来は攘夷思想を強く持っていた春秋公羊学までもが、夷狄と華夏の共存を理想とすることに対して、春秋左氏学は、生まれによって夷狄を差別する排外思想を特徴とする。たとえば、南蛮《なんばん》の楚《そ》に対して、「我が族類に非ざれば、其の心必ず異なる（非我族類、其心必異）」（『春秋左氏伝』成公伝四年）と述べ、華夏と夷狄は、類が異なり、心が異なるものと捉える。あるいは、狄人《てきひと》に対する管仲《かんちゅう》の言葉として、「戎狄《じゅうてき》は豺狼《さいろう》なり、厭《あ》かしむ可からず（戎狄豺狼、厭不可也）」（『春秋左氏伝』閔公《びんこう》伝元年）と伝え、夷狄を「豺《やまいぬ》や狼」に譬《たと》えて、多く当てがってはいけない、としているのである。管仲が続けて、「諸夏は親暱《しんじつ》なり、棄つる可からず（諸夏親暱、不可棄也）」と、諸夏（華夏）の国々は決して見捨ててはならない、と述べたと伝えるように、生まれの異なる夷狄と華夏とは、共存し難いものである、と『春秋左氏伝』は捉えていた。

『春秋左氏伝』を学官《がくかん》に立てて公認し、それを利用し前漢を滅ぼして莽新《もうしん》を建国した者が王莽《おうもう》である。したがって、王莽を打倒した後漢「儒教国家」では、章帝期の白虎観会議において、古文学の長所を取り入れながらも、今文学に基づいて儒教の経義が定められた。春秋学で言えば、左氏伝の解釈を取り入れながらも、公羊伝が正統とされたのである。会議の結果を今日に伝える『白虎《びゃっこ》通《つう》』をまとめた班固《はんご》は、夷狄の列伝をも含む『漢書《かんじょ》』の著者でもある。

班固は、前漢を最も苦しめた匈奴《きょうど》の列伝の賛《さん》（史官の見解を述べた文章）において、次のような夷狄観を表明している。

是以春秋内諸夏而外夷狄。夷狄之人貪而好利、被髪左衽、人面獸心。其與中國殊章服、異習俗、飲食不同、言語不通、辟居北垂寒露之野、逐草隨畜、射獵為生、隔以山谷、雍以沙幕、天地所以絶外内也。是故聖王禽獸畜之、不與約誓、不就攻伐。約之則費賂而見欺、攻之則勞師而詔寇。其地不可耕而食也、其民不可臣而畜也、是以外而不内、疏而不戚、政教不及其人、正朔不加其國。來則懲而御之、去則備而守之。其慕義而貢獻、則接之以禮讓、羈靡不絶、使曲在彼、蓋聖王制御蠻夷之常道也。

このために『春秋』（公羊伝 成公十五年）は「諸夏を内として夷狄を外」にした。夷狄の人は、利を貪《むさぼ》り好み、髪を振り乱し衽《えり》を左前にし、人面獣心である。中国とは礼服を殊《こと》にし、習俗を異にし、飲食は同じではなく、言語は通ぜず、北の果ての極寒の野に偏って居住し、草を逐《お》い家畜に随い、射猟を生業とし、山と谷に隔てられ、砂漠で塞がれ、〔それが〕天地の〔間で〕内〔の諸夏〕と外〔の夷狄〕が隔絶される理由である。このゆえに聖王は〔夷狄を〕禽獣《きんじゅう》扱いとし、ともに誓約をせず、これを攻撃しなかった。夷狄と約束すると用を費やしても欺《あざむ》かれ、夷狄を攻めれば軍を労《つか》れさせても寇《あだ》を招くからである。その土地は耕作して食べることができず、その民は臣と下として養うことができない。かくて夷狄を外にして内にせず、疏《うと》んじて戚《ちかず》けず、〔諸夏の〕政教は夷狄の人には及ぼさず、〔諸夏の〕正朔《こよみ》は夷狄の国には施行しない。〔夷狄が〕が来れば懲《こら》しめてこれを制御し、去れば備えてこれから守る。諸夏の義を慕って〔夷狄が〕貢献すれば、礼譲により夷狄に接し、繫《つな》ぎ止めて〔交わりを〕絶たず、曲《よこしま》が夷狄にあるようにさせたが、思うに〔これが〕聖王の蛮夷を制御する常道である。

(『漢書』巻九十四 匈奴伝)

班固は、『春秋公羊伝』の成公十五年を引用しながら、夷狄は禽獣であるという左氏伝の夷狄観を表明している。このような今文学〈公羊伝〉の古文学〈左氏伝〉による解釈が、『白虎通』や鄭玄《じょうげん》〈漢を代表する経学者〉に代表される後漢経学の一つの特徴である。そのうえで、班固は、夷狄と盟約を結んだり攻撃を加えたりせず、中国の政治や教化も及ぼさず、外交関係も結ばないようにして、夷狄との関係を絶つべきことを主張する。その理由として、夷狄から貢献された場合にも羈《き》縻《び》する〈繫ぎ止める〉に留めることが、聖王の夷狄統御術であったことを掲げる。

班固の夷狄観は、公羊伝を引用しながらも、夷狄を禽獣と捉え、文化を及ぼすべきではないとする左氏伝の夷狄観を全面的に展開するものである。これは、後漢の経義をまとめた「教科書」である『白虎通』の夷狄観の影響下にある。これが「古典中国」を代表する夷狄観となった。後漢「儒教国家」における今文学と古文学の融合の動きが、起源を異にする二つの夷狄観を統合したのである。

こうして「古典中国」の夷狄観は、華夏と夷狄の相違は華夏の文化を有するか否かにあるという公羊伝の華夷観念と、獣のような夷狄は常に華夏の下位に置かれるべきであるという左氏伝の華夷意識の融合として定まった。こののち、三国曹魏から西晋より以降、左氏伝が次第に重要視され、唐の「五経正義」に『春秋左氏伝』が採用されると、春秋学派は、左氏伝を起源とする華夷の別を強調し、攘夷思想を特徴とすることが通例となる。「古典中国」の夷狄観の中で、左氏伝系の比重が高まるのである。しかし、その場合にも、華夷の別を文化の有無に求める公羊学の夷狄観念は、そのまま維持されたのである。

2　仏教と華夷思想

華夷思想は、文化の有無に基づく概念であるため、生まれが異なる異民族支配においても、異民族が華夏の文化を尊重する限り動揺することはなかった。西晋に続く五胡《ごこ》の君主たちは、『孟子』

を典拠とする舜は東夷、文王は西夷の出身であるという事例のほか、禹《う》が会稽《かいけい》生まれの南蛮《なんばん》であることをよく口にした。これらの聖天子と同じように、自らも華夏文化を受容すれば、漢民族を支配する際の正統性があると主張したのである。

五胡を統一した北魏《ほくぎ》の鮮卑《せんぴ》族が、漢民族への同化政策を展開し、その流れの中で隋唐帝国を築き上げた鮮卑系の関隴《かんろう》集団が、華夏文化を尊重したことは、中華文化の有無を基準とする華夷思想への適応策と考えてよい。しかし、そうした彼らの正統性に、すべての漢民族が納得したわけではない。内部に華夷思想を抱える夷狄の支配者と、漢族の支配者に対する民族的対応は、観念的な華夷思想を超えて、生理的な反発として発現する場合もある。こうした時に、夷狄の支配者は、自らの正統性を主張するために、華夷思想を中核に持つ儒教とは異なる文化に傾倒する。「古典中国」（漢～唐）および「近世中国」（宋～清）において、夷狄出身の支配者は、好んで仏教を保護した。

1　仏教の排斥

華夷思想は、文化の有無に基づく概念であるため、中華文化に匹敵し得る別体系の大きな文化と衝突した場合に先鋭化する。その最初の事例が、仏教との衝突である。六朝《りくちょう》期から始まる排仏論では、必ずと言ってよいほど「仏」が「胡」の出身であることへの批判が述べられる。中華に匹敵する仏教文化そのものの排斥を華夷思想は求め、排仏を後押ししていくのである。

劉宋《りゅうそう》の道士である顧歓《こかん》は、泰始《たいし》四（四六七）年、「夷夏論《いかろん》」を著した。顧歓は、道教と仏教との対立の根本的な要因を「道」と「俗」により、次のように指摘する。すなわち、道教と仏教は、それぞれ一つの「道」を理想としているのに、互いに異なる「道」であると考え、中国とインドは二つの「俗」であるのに、一つの教えで優劣を定めようとするために対立が起こるとするのである。そして、「道」が一致することの論証は、老子がインドに入ってブッタになったという老子化胡を説く『玄妙内篇』という道教経典と、釈迦が「国子道士」（老荘）と「儒林の宗」（周孔）になったとする『法華無量経』と『太子瑞応本起経』という仏教経典に依拠する。これらの経典によれば、老子・荘子・孔子・周公と釈迦は同じであり、その「道」は同一となる。そうであれば、「俗」を異にする中国に、夷狄の教えを広める必要はない、と華夷思想を論拠とする仏教批判を展開するのである。

端委搢紳、諸華之容。翦髮曠衣、羣夷之服。擎跽磬折、侯甸之恭。狐蹲狗踞、荒流之肅。棺殯槨葬、中夏之制。火焚水沈、西戎之俗。[…] 佛・道斉乎達化、而有夷・夏之別。[…] 佛是破惡之方、道是興善之術。興善則自然為高、破惡則勇猛為貴。佛跡光大、宜以化物。道跡密微、利用為己。優劣之分、大略在茲。

端委搢紳《たんいしんしん》〔玄端の衣と委貌の冠をつけ笏を大帯に差し挟むこと〕は、諸華の容貌である。翦髮曠《せんぱつこう》衣《い》〔髪の毛を切りゆったりした服を着ること〕が、群夷の服装である。擎跽《けいき》磬折《けいせつ》〔ものを捧げて跪《ひざまず》き〈楽器の〉磬《けい》のように折れまがり謹む〈かたちで正坐する〉こと〕は、侯服《こうふく》や甸服《じゅんふく》〔に住む華人〕の恭である。狐や狗のように踞坐することが、荒服以遠〔に住む夷狄〕の粛である。棺《かん》で殯《かりもがり》をして槨《かく》に瘞《うず》めることは、華夏の制である。〔死体を〕火で焼き水に沈めることが、西戎の俗である。〔…〕仏教と道教は化により〔道に〕達しようとする点では等しいが、〔俗には〕夷狄と華夏の別がある。〔…〕仏教は「悪」を破る方法であり、道教は「善」を興す術である。善を興すには自然を崇高とし、悪を敗るには勇猛を尊重する。仏教の跡（教法）は光大であり、物を化すことに宜しく、道教の跡（教法）は秘微であり、己を爲すことに利がある。優劣の分かれは、おおよそここにある。

（『南斉書』巻五十四 顧歓伝）

顧歓は、服装・座り方・葬礼といった、民族による文化の差異を端的に示す生活習慣の違いを言い立て、しかも華夏と夷狄の習俗を「善」と「悪」という価値をつけて描き分ける。そのうえで、夷と夏をそれぞれ教化するための跡（教法）、すなわち仏教と道教（老荘・周孔を含む道《みち》の教え）とが、夷と夏の俗が相異なるのに比例して、相異なっていると説く。目指す「道」が同一で、それぞれの「俗」に適した教法があるのならば、夷狄の「俗」に適した仏教は、中国では布教すべきではない、と仏教を排斥するのである。

顧歓の排仏論の背景となっている華夷思想は、夷狄を狐や狗といった獣に譬えていることからも分かるように、『春秋左氏伝』を中心に形成された「古典中国」の華夷思想である。仏教という華夏とは異なる文化に相対することで、華夷思想が夷狄の宗教の存在を認めないまでに先鋭化している様子をここに見ることができよう。吉川忠夫《よしかわただお》は、顧歓にとって仏教の攻勢は、中国固有の文明そのものの破壊と映じたではなかったか、とその先鋭化の理由を説明している（吉川 一九八四）。

それでも、顧歓の「夷夏論」は、各地域には、歴史的・社会的所産であるところの固有の風俗・慣習、すなわち「俗」が存在しており、仏教は本来的に夷狄の「俗」を教化するための宗教であるから、「俗」を異にする中国には行い得ないと説くだけである。両者の「跡」（教法）を跡たらしめている「道」は一致する、と仏教そのものを否定することはない。「道」が一体であれば、顧歓に反論する明僧紹《めいそうしょう》の「正二教論《しょうにぎょうろん》」のように、仏教などの究極の教えであれば、国の風俗に係わることはない、と述べて、「夷夏論」の前提となっている華夷思想を批判することも可能であった。

2 仏教との共存

このように華夷思想は当初、仏教の存在を容認していた。しかし、南朝梁の武帝に代表されるような、皇帝や貴族の仏教保護と財産の寄進が、国家財政への負担を増していくのに伴い、華夷思想はやがて、仏教そのものを否定する排仏論へと展開する。やがて、それを背景としながら、国家権力により「三武一宗の法難」と総称される仏教弾圧も行われた。

そうした中、南北朝から隋を生きた顔之推《がんしすい》は、世俗に行われている仏教批判を次の五項に分け、それぞれに反論している。すなわち、第一に大宇宙観の虚妄、第二に因果応報説の欺瞞、第三に僧侶の非行、第四に国家への損害、第五に後世の信じ難さである。ここでは、第四への反論を取りあげよう。

釈四曰、内教多途、出家自是其一法耳。若能誠孝在心、仁恵為本、須達・流水、不必剃落鬚髪。豈令罄井田而起塔廟、窮編戸以為僧尼也。皆由為政不能節之、遂使非法之寺、妨民稼穡、無業之僧、空国賦算。非大覚之本旨也。〔…〕若能偕化黔首、悉入道場、如妙楽之世、儴佉之国、則有自然稲米、無尽宝蔵、安求田蚕之利乎。

釈明の四に、仏教信仰の道は多く、〔国家に損害を与える〕出家は自ずからその一つの方法に過ぎない。〔仏教を信仰しながらも〕もし厚い孝心を抱き、仁恵〔という儒教の徳目〕を根本とできるのであれば、須達《すだ》や流水《るすい》のように、必ずしも髪や髯を剃る必要はない。どうして井田《せいでん》を潰して堂塔寺廟を建立し、人々を困窮させてまで僧尼のためにすることがあろうか。〔これらは〕みな政治が〔僧侶のために寺院を建立することなどに〕節度を設けることができず、かくて不法の寺院が、民の生産を妨げ、生業のない僧が、国家の税を空費させているのである。〔こうした事態は〕けっしてお釈迦様の本意ではない。〔…〕〔国家が〕もし民草を教化し、ことごとく〔仏教の〕道場〔寺院〕に入れ〔出家させれば〕、極楽の世か、〔武力を用いぬ仏教の聖王である〕儴佉《しょうか》の国のようになり、そうすれば自然と〔生えてくる〕稲米や無尽の宝蔵が現れ、どうして農耕養蚕の利を求めることがあろうか。

（『顔氏家訓』帰心篇）

顔之推は、顧歓の「夷夏論」に反論した明僧紹「正二教論」と同様に、華夷の別を超越している。さらに、仏教は儒教と共存できると考える。このため、仏教信者を続けながら、出家をせず家を嗣いで「孝」を実現し、仁恵を根本とする儒教の規範に沿った生き方ができるとするのである。

宇都宮清吉《うつのみやきよし》一九七七によれば、『顔氏家訓』の中でも帰心篇《きしんへん》は、北周《ほくしゅう》の滅亡後、隋の開皇《かいこう》四年から十一年の間（五八四～五九一年）に書かれたという（宇都宮 一九七七）。隋の文帝《ぶんてい》は、北周から禅譲を受ける際、九錫《きゅうせき》の賜与を受け、後漢の献帝《けんてい》が曹操に下した詔勅を模したように、漢魏の伝統に回帰することを目指した。南郊《なんこう》に祭壇を設けて即位を天に告げ、翌年には藉田《せきでん》儀礼を行うなど、後漢で形成された「儒教国家」の祭祀を継承している。以後、約二十年間、文帝は儒教を十分に利用した。顔之推は、この時期に『顔氏家訓』帰心篇を著しており、代々の仏教信者の家に生まれた顔之推が、儒教と仏教の共存を主張する時代背景となっている。

ところが、仁寿《にんじゅ》元（六〇一）年、文帝は、二つの詔を下して、儒教への保護政策を転換する。一つは、儒教教育援助の制限で、太学《たいがく》・四門学《しもんがく》・州県学《しゅうけんがく》という儒教の教育機関を廃止する詔である。二つは、全国を対象とした仏舎利《ぶっしゃり》分骨の詔である。こうして文帝は、儒教に代わって仏教を国家文配の中心に据えることを明らかにしたのである。文帝は、権力掌握の過程において、儒教・仏教・道教の教義と実践に統制を要求していた。同時に、三教のそれぞれに、文帝の統治を強化し正統化することを求め、従順な民を作りだすことを助けさせようとした。儒教はこれに、仏教以上に応えることができなかったのである。

顔之推の『顔氏家訓』帰心篇は、国家支配と仏教信仰との矛盾を最終的に信仰によって解消しようとしている。すなわち、すべての民が仏教信者として寺院に入れば、「自然の稲米」や「無尽の宝蔵」によって農耕も養蚕も不要になる、とその信仰を告白しているのである。顔之推を六朝末期を代表する知識人と高く評価する吉川忠夫は、これを北周武帝の廃仏の黒幕であった衛元嵩《えいげんすう》が、国家全体を道場とする平延大寺《へいえんたいじ》を建立せよと主張したことの幻想を追ったのか、あるいは辛辣な皮肉か、と顔之推を弁護する（吉川 一九八四）。

しかし、『顔氏家訓』の中に帰心篇が含まれることを非難し、失笑した後世の士人たちは、吉川のように帰心篇を読むことはなかった。仏教の惑溺に基づく信仰告白と捉えるべきである。むしろ、重要なことは、顔之推ほどの知識人が、こうした仏教への惑溺を現すことに、華夷の別を超え、世界帝国たらんとした隋唐帝国における仏教勢力の強大な力の発露を見ることにある。

こうした人々の信仰を背景に、隋の文帝は、寺院の建立のほか、仏像の営造、経文の修写や度僧への保護を行った。文帝の積極的な仏教保護により、隋では天台宗《てんだいしゅう》の智顗《ちぎ》、三論宗《さんろんしゅう》の吉蔵《きちぞう》ら名僧が輩出し、諸宗派の発展が促された。また、文帝は、民衆の教化のため二十五衆を置き、天下に仏教の高等教育を行い、首都大興城《たいこうじょう》には五衆主を置いて、一つの経典を専門的に学ばせたのである。

これに対して、南朝系の道教である茅山派《ぼうざんは》の道士王遠知《おうえんち》は、仏教に対抗するため、すでに隋末から、唐公李淵《りえん》に接近していた。そして、太上老君《たいじょうろうくん》（老子、李耳）が夢に現れ、「李淵の祖先である」と語ったと告げて、道観《どうかん》を造り老子を祀るよう進言していた。これを受け、第二代皇帝の太宗李世民《たいそうりせいみん》は、自分の祖先が老子であることを宣言し、祖先崇拝として老子を特別に扱った。それでも、胡漢融合《こかんゆうごう》の唐に相応しい宗教は、華夷の別を超越する仏教であった。長安《ちょうあん》には、大規模な伽藍を持つ仏教寺院が百以上も存在したことに対し、道教の道観は十数ヵ所に過ぎなかった。長安の仏教寺院では定期的な布教が行われ、邑会《ゆうかい》と呼ばれる仏教信仰の地方組織では僧侶と在家信者とが信仰で結ばれた。さらに、華厳宗《けごんしゅう》を集大成した法蔵《ほうぞう》など高僧が現れ、中国独自の仏教教義の形成に努めていた。

しかし、高宗《こうそう》の皇后である武氏が、武周《ぶしゅう》革命の際に仏教を利用したことは、仏教の衰退の一つの契機となった。武后が則天武后《そくてんぶこう》に即位し、国号を周（武周）と改めた際、利用した『大雲経《だいうんきょう》』は、仏が浄光天女に向かって、「汝が生まれ変わるとき、女性の身で国王となろう」と告げる部分がある。武后の寵愛を受けた僧侶の薛懐義《せつかいぎ》は、『武后登極讖疏《ぶこうとうごくしんしょ》』という注釈書を著し、それを武后の即位に利用したのである。太宗が定めた「道先僧後」はここで「僧先道後」に改められ、仏教は隋と同様、国家の保護を受ける宗教となった。武周は十五年で滅んだが、中宗《ちゅうそう》の皇后の韋氏《い》により、類似の仏教を利用した政治が行われた。しかし、韋氏を打倒して、やがて帝位に即いた玄宗《げんそう》は、道教を尊崇し、「僧先道後」は「道先僧後」に改められたのである。

3　道学の華夷思想

玄宗期に起きた安史《あんし》の乱により唐が衰退していく中、憲宗《けんそう》は、元和《げんな》十四（八一九）年、法門寺《ほうもんじ》より仏舎利を長安に迎えることを計画した。これに対して、「論仏骨表《ろんぶっこつのひょう》」を上提して、その非を訴えたものが韓愈《かんゆ》である。韓愈は、安史の乱の平定後、トルコ系ウイグルやチベット系吐蕃《とばん》が唐への侵入を繰り返す国際情勢を背景に、華夷思想に基づいて、厳しく仏教を批判したのである。したがって、韓愈の「論仏骨表」は、仏教を夷狄の宗教であると非難することを冒頭に置く。

臣某言、伏以仏者夷狄之一法耳。自後漢時流入中国、上古未嘗有也。［…］今聞、陛下令羣僧迎仏骨於鳳翔、御楼以観、舁入大内、又令諸寺遞迎供養。［…］夫仏本夷狄之人、与中国言語不通、衣服殊製。口不言先王之法言、身不服先王之法服。不知君臣之義、父子之情。仮如其身至今尚在、奉其国命、来朝京師、陛下容而接之、不過宣政一見、礼賓一設、賜衣一襲、衛而出之於境、不令惑衆也。況其身死已久、枯朽之骨、凶穢之余、豈宜令入宮禁。孔子曰、敬鬼神而遠之。羣臣不言其非、御史不挙其失。臣実恥之。

臣某《わたくし》が、伏して考えますに仏教というものは夷狄の一法に過ぎません。後漢の時より中国に流入しましたが、上古にはまだありませんでした。〔…〕今聞くところによりますと、陛下は僧たちをつかわして鳳翔《ほうしょう》〔の法門寺〕より仏舎利を迎え、高殿に出御されてご覧になられ、輿《こし》にのせたまま大内裏に入れ、寺々に順ぐり仏舎利を迎えて供養させるとのことでございます。〔…〕そもそも仏はもともと夷狄の人であり、中国と言葉は通じず、衣服のつくり方も異なります。口には先王の法言を話さず、身には先王の法服を着けることもできません。君臣の義も、父子の情も知らないのです。たとえ釈迦が今の世にあり、その国の命で、京師に来朝し、陛下が温容にも接見されたとしても、宣政殿《せんせいでん》にて一度引見し、礼賓院《れいひんいん》で饗応して、衣一襲《かさね》を賜り、護衛を付けて国境まで送り出し、衆を惑わせないようになさるだけでございます。ましてすでに死んで久しく、骨は干からび、汚れているものを、どうして宮殿に入れてよいものでしょうか。孔子は、「鬼神は敬してこれを遠ざける」と申しました。〔…〕それでも群臣はその誤りを言上せず、御史《ぎょし》もその怠慢を指弾いたしません。わたくしは恥ずかしく思います。

（『韓昌黎文集《かんしょうれいぶんしゅう》』第八巻）

韓愈は、華夷思想を論拠に、仏教が夷狄の一法に過ぎず、聖王の御世から中国に存在したものではない。釈迦も夷狄の人であり、中国の言葉を話さず、中国の礼に従わず、君臣の義も、父子の情も知らない、と批判する。ここまでの主張は、顧歓の「夷夏論」以来の排仏論と内容的に大差はない。続く、もし釈迦が使者としてやって来ても、と仮定する部分は、生きた釈迦を枯れた仏舎利と比較するために述べられたものであるが、ここは従来の排仏論にはなかった主張となっている。それでも、全体として六朝期の排仏論の焼き直し感は否めない。

そうした限界を持ちながらも、韓愈の排仏論に注目すべきは、それが主張された政治的・社会的状況が明確に異なるためである。韓愈の知友である柳宗元《りゅうそうげん》・劉禹錫《りゅううしゃく》・李翺《りこう》は、いずれも仏教・儒教に共に通じる知識人であった。顔之推と同じである。唐の知識人としては、それが通常のあり方であった。

「古典中国」の成立以降、唯一、儒教ではなく仏教による国家支配を行った隋、それを承けて、胡漢融合の世界帝国として華夷の別を超越した仏教を尊崇する唐の支配下において、華夷思想に依拠して排仏を主張した韓愈の存在意義は大きい。もちろん、当該時代においては、韓愈は、憲宗の激怒にあって潮州刺史《ちょうしゅうしし》に左遷され、仏舎利は盛大な法会と共に長安に迎えられた。それでも、韓愈の華夷思想は、その道学と共に後世に大きな影響を与えていく。

北宋において、韓愈の華夷思想は、周敦頤《しゅうとんい》や禅宗の信者からは批判されたが、積極的な支持者を得ることもできた。韓愈の華夷思想を継承したものは、泰山学派《たいざんがくは》と呼ばれる孫復《そんふく》ら春秋学者であった。太田悌蔵《おおたていぞう》によれば、泰山学派は、春秋の名分論から、聖王を立て夷狄を排する。聖王の道は仁義、夷狄はむろん仏教となるので、韓愈の華夷思想に基づく排仏論に同調したのである（太田一九六六）。

孫復が著した『春秋尊王発微《しゅんじゅうそんのうはつび》』は、巻頭で孔子が『春秋』を著した理由を「天下に王がいなくなった」ことに求める。『春秋』に記される最初の魯公である隠公《いんこう》の在位が、東周《とうしゅう》の平王《へいおう》の治世に重なるためである。平王の父幽王《ゆうおう》は夷狄の犬戎《けんじゅう》により殺され、西周は滅亡した。孔子は、それを歴史上の一大画期と考えて隠公から『春秋』を著した、と理解するのである。その結果、『春秋』が獲麟で終わることは、悲しむべき事件と捉えられる。これ以降、夷狄が中国の政治を制御するようになったからである。

春秋尊天子、褒斉・晉。褒斉・晉所以、貶呉・楚也。尊天子、所以黜諸侯也。尊天子黜諸侯、始于隠公、是也。褒斉・晉貶呉・楚、終于獲麟、是也。嗚呼其旨微哉。其旨微哉。

春秋が天子を尊ぶのは、斉・晉〔という中華の国〕を褒めるためである。斉・晉を褒めるのは、呉・楚〔という夷狄の国〕を貶《おとし》めるためである。天子を尊ぶのは、諸侯を黜《しりぞ》けるためである。天子を尊び諸侯を黜けることは、〔『春秋』が〕隠公に始まることが、これにあたる。斉・晉を褒め呉・楚を貶めることは、獲麟に終わることが、これにあたる。ああその意は微であるかな。その意は微であるかな。

（『春秋尊王発微』巻十二）

小島毅《こじまつよし》は、宋が「中国」であることを強調し、自分たちの君主を天子＝皇帝として推戴することで、自分たちの「夷狄を賤しみ諸侯を黜ける」立場を孔子自身のものとして措定する作業である、と孫復の『春秋尊王発微』を位置づける（小島二〇一六）。この結果、尊王攘夷思想は、標語となり普及していく。こうして、韓愈の排仏論は、孫復の友人であった范仲淹《はんちゅうえん》や欧陽脩《おうようしゅう》へと継承される。欧陽脩は、韓愈の排仏に同調して、『新唐書《しんとうじょ》』から仏教に関する記録を削っている（石田一九七七）。

北宋における尊王攘夷思想の展開を受けた南宋の朱熹《しゅき》（朱子）は、「華夷の辨」（辨は区別）を厳しく説いたことで知られる。人と動物の違いを気によって説明する中で、朱子は夷狄について次のように言及している。

問。気質有昏濁不同、則天命之性有偏全否。曰、非有偏全。［…］昏濁者是気昏濁了。［…］然在人、則蔽塞有可通之理。至於禽獣、亦是此性、只被他形体所拘、生得蔽隔之甚、無可通処。［…］至於獮猴、形狀類人、便最霊於他物只、不曾説話而巳。到得夷狄、便在人与禽獣之間、所以終難改。

質問。気質に昏濁《こんだく》の違いがあるならば、天命の性に偏《へん》や全《ぜん》が有ることになるのでしょうか。〔朱子は答えた〕偏や全が有るわけではない。［…］昏濁とは気《き》が昏濁しているのである。［…］しかし人の場合には、蔽《おお》い塞《ふさ》がれてもそれを通じさせ得る理《り》がある。禽獣に至ると、やはりこの性はあるのだが、ただ身体に拘束されて、生まれつき蔽い隔てられることがひどく、通じることができない。〔…〕獮猴《さる》になると、身体つきが人に似てくるから、ほかの動物よりも際立って聡く、ただ言葉が話せないだけである。夷狄に至ると、人と禽獣の間の存在であり、ついに矯正することは難しい。

（『朱子語類』巻四性理一 人物之性気質之性）

朱子学においては、「理」が物に内在したとき、「性」と呼ばれる。物を物たらしめるものが「性」である。あらゆる存在に「性」を認める朱子学では、「性」は存在の斉同性を認める原理である。一方、「気」は差別性の原理である。人と動物の相違は「気」によって生ずるが、「気」の質に昏や濁がある以上、天命の「性」も変わらざるを得ないのではないか、と質問者（の黄螢《こうきん》）は尋ねている。朱子は、人が「通」じること、すなわち「理」を自由に流通させられることに対して、動物は身体的な構造により「通」じることができないとする。したがって、身体の構造が人間に近い猿は、他の動物よりも聡明なのである。そして、夷狄は、人と禽獣の間の存在であるため、「気」の質の昏濁を矯正することは難しい、と述べている。小島毅によれば、朱子は、世界全体に普遍的な倫理規範に遵っている中華と、従わない夷狄・禽獣とは、並列関係にあるのではなく、道理に則っているか否かという優劣関係、価値的な上下関係にあると考えていた、というのである（小島二〇一六）。

このように、夷狄を禽獣と等しく見る朱子の華夷観は、春秋左氏学を中心とする「古典中国」の華夷思想である。韓愈よりも朱子の方が明確に、「古典中国」の華夷思想を継承している。朱子がこうした華夷観を持つことについて、三浦國雄《みうらくにお》は、朱子の夷狄に関する発言の底には、国土の半分を奪われた金《きん》に対する憎悪が渦巻いているに違いない、と説明している（三浦二〇〇八）。

朱子の攘夷思想は、韓愈よりも強烈で自信に満ちている。それは、華夷思想を先鋭化させていた仏教が、すでに朱子学の中に取り込まれていることを理由としよう。韓愈は、仕えた皇帝も知友も仏教を崇拝する中で、激しく仏教を批判した。そこには、中華文化と異なる巨大な仏教と格闘する中から生まれる華夷思想の先鋭化が見られる。しかし、そののちの韓愈に仏教者との交流が伝えられるように、その華夷思想は安定的ではなかった。

これに対して、仏教という大きな文化との対抗を完了している朱子の華夷思想は、強烈なまま安定した思想となっている。さらに、そこに金という異民族国家の北中国支配という政治状況が加わることによって、「華夷の辨」は朱子学の特徴の一つと見なされるまでに、朱子によって重視された。ここに、異なる文明に支配された場合の民族主義を支える華夷思想の強さを見ることができる。こうして夷狄の存在を文化の違いから規定し、その共存を許さない「近世中国」の華夷思想が成立したのである。

やがて「近代中国」の成立に向けて直面する西欧文明との接触は、文化のみの伝播に止まり、国家としての脅威を中国に与えることはなかった仏教とは、異なる華夷思想の展開をもたらしていく。

3 西欧と華夷思想

朱子学によって定められた「近世中国」の華夷思想は、異民族との共存を許さないという意味においては「古典中国」のそれよりも強く、「華夷の辨」を華夏文化の有無に求める点では「古典中国」の継承であった。したがって、元・清という「征服王朝」への反発は強かったが、清の華夏文化の尊重により、満州族を中華とする認識も強く存在していた。

これに対して、西欧文明は、中華にも優る文化を持ち、その軍事力は中国を半植民地化していくものであった。そうした中で、「古典中国」、そしてその中核に君臨していた儒教を否定することで、華夷思想を克服し、中国の「国民」の形成を目指す「近代中国」が成立するのである。

1 征服王朝下の華夷思想

モンゴル族の「征服王朝」であった元《げん》において、科挙の基準とされた朱子学は、明清《みんしん》帝国においても、その地位を揺るがされることはなかった。元の支配のもと、モンゴル第一主義とも呼ばれる蒙古《もうこ》・色目《しきもく》・漢人《かんじん》・南人《なんじん》という民族差別を受けた漢民族は、朱子学の持つ「華夷の辨」をますます先鋭化させた。これに対して、漢民族国家の明では、元のときのような国家に対する華夷思想の先鋭化は見られない。明に代わった満州族《まんしゅう》国家の清は、元とは異なり中華文化を尊重し、「四庫全書《しこぜんしょ》」の編纂に代表される文化事業を推進したので、元の時ほど華夷思想が先鋭化することはなかった。

それでも、「華夷の辨」を特徴とする朱子学を官学とする以上、清朝の統治に対して華夷思想に基づく反発はあった。台湾を平定して清の支配を確立した康熙帝《こうき》を嗣いだ雍正帝《ようせい》は、反満思想に対して「文字の獄」と呼ばれる強圧策で臨んだ。しかし、圧倒的な多数を占める漢民族主体の中国を長期にわたって支配するためには、実力の誇示だけではなく、清朝の正統性を「華夷の辨」からも論証する必要に迫られていた。そうした目的により、雍正八（一七三〇）年に出版されたものが『大義覚迷録《たいぎかくめいろく》』である。

これよりさき、雍正六（一七二八）年、華夷思想に基づき反清思想を広め、四川総督の岳鍾琪《がくしょうき》に清朝打倒を唆《そそのか》した曾静《そうせい》が逮捕された。曾静は取り調べの中で、自らの思想に影響を与えた呂留良《りょりゅうりょう》の華夷思想を誤りとし、雍正帝の主張をすべて正しいと認めた。思想教化への利用価値を認めた雍正帝は、曾静を許し、すでに死去していた呂留良と子の呂葆中《りょほちゅう》の屍《しかばね》を戮《りく》し、門人たちを処罰する一方で、雍正帝の上諭《じょうゆ》、曾静の供述、曾静による自己批判の書である「帰仁説《きじんせつ》」をまとめた『大義覚迷録』を刊行し、学校ごとに備えさせたのである。

小野川秀美《おのがわひでみ》によれば、曾静が心酔した呂留良思想の眼目は、「華夷の辨」と「王者の政」（その具体化は、井田《せいでん》・封建《ほうけん》・学校）にある（小野川 一九五八）。呂留良は、朱子学の中で最も重要な「義理の学」

の中で、君臣の義よりも重い大義を「華夷の辨」であるとした、とするのである。これに対して、伊東貴之は、呂留良の思想の実質的な脅威や危険性は華夷思想よりも、むしろ君臣論や封建論にあったとするが（伊東 二〇〇五）、曾静は呂留良の華夷の辨の尊重に心酔し、夷狄である満州族国家の清に対する反乱を目論んだのである。雍正帝は、呂留良の華夷思想が誤りであることを次のように指摘する。

逆賊呂留良等、以夷狄比於禽獣、未知上天厭棄内地無有徳者、方眷命我外夷為内地主。若拠逆賊等論、是中国之人、皆禽獣之不若矣。又何暇内中国而外夷狄也。自詈乎。詈人乎。

逆賊の呂留良らは、夷狄を禽獣《きんじゅう》に比しており、いまだ上天が〔中国〕内地に有徳の者が無いことを厭《いと》い嫌い、われわれ外の夷狄をかえりみて内地の君主としたことが分かっていない。もし逆賊の〔呂留良らの〕論に従えば、これは中国の人を、みな禽獣となすことになるではないか。またどうして、中国を内として夷狄を外とするのか。〔呂留良らは〕自分を罵っているのか。人を罵っているのか。

（『大義覚迷録』巻一）

雍正帝の上諭の中にある「中国を内として夷狄を外とする」は、すでに掲げたように、『春秋公羊伝』成公十五年の「諸夏を内として夷狄を外にす」を踏まえている。そして、前漢の班固が、

『春秋公羊伝』成公十五年を引用しながら、夷狄は禽獣であるという『春秋左氏伝』の夷狄観を併せて表明していたことも、雍正帝の上諭の中には、正確に踏まえられている。雍正帝の「古典中国」の理解力の高さが、明確に現れている文章と言えよう。したがって、「近世中国」の華夷思想でも、中華文化を受け入れている雍正帝を始めとする満州族は、夷狄ではなく中華となる。朱子学の「華夷の辨」を先鋭化させた呂留良よりも雍正帝の方が、「古典中国」の華夷思想を正確に継承しているのである。しかも、清朝には、これまでの中国国家の実現できなかった、夷狄の地の征服という功績がある。

且自古中国一統之世、幅員不能広遠、其中有不向化者、則斥之為夷狄。如三代以上之有苗・荊楚・玁狁、即今湖南・湖北・山西之地也。在今日而目為夷狄可乎。至於漢・唐・宋全盛之時、北狄・西戎世為辺患、従未能臣服而有其地。是以有此疆彼界之分。自我朝入主中土、君臨天下、並蒙古極辺諸部落、倶帰版図。是中国之疆土開拓広遠、乃中国臣民之大幸。何得尚有華夷中外之分論哉。

かつ古《いにしえ》より中国が統一していた時代に、〔領有していた〕地域は〔清のように〕遠くまで広がっていたわけではなく、その中で中華文化に教化されない者は、排斥してこれを夷狄としてきた。〔夏・殷・周〕三代の〔時の夷狄である〕有苗《ゆうびょう》・荊楚《けいそ》・〔玁《けん》〕狁《いん》〔の住んでいた地域〕は、今の湖南・湖北・山西の地である。今日において〔この地に住む人々を〕目して夷狄となすであろうか。漢・唐・宋〔という漢族の国家の〕全盛期の時でも、北狄《ほくてき》と西戎《せいじゅう》は世々辺境の憂いとなっており、未だ臣服せずにその地に居住していた。このためこちらの領土やあちらの領土といった区別が存在していたのである。〔ところが〕わが清朝が中国に入って君主となり、天下に君臨してより、モンゴルの極辺の部落に及ぶまで、みな〔わが〕版図に帰服した。これは中国の領土が開拓されて遠くまで広がったことであり、中国の臣民の大いなる幸いである。それなのになお華・夷と中・外の区分があると論じる意味があろうか。（『大義覚迷録』巻二）

この主張は、雍正帝独自の華夷思想の発露である。というよりも、モンゴルのジュンガル部に親征を繰り返してこれを屈伏させ、台湾を平定し、ロシアを押し返してネルチンスク条約を結んだ康熙帝の偉業を継承した雍正帝だからこそ、主張し得る華夷思想である。中国に侵攻を繰り返してきた夷狄は、清朝によって征服され、これまで中華と夷狄によって構成されていた天下は、すべて中華の地となったのである。そうした状況下において、なお「華・夷と中・外の区分があると論じる意味」はない。こうして、「古典中国」以来、継承されてきた華夷思想は、とりあえずの終焉を迎える。

2　公羊伝と左氏伝

華夷思想が再び勃興するのは、清朝が征服した天下の外に、中華文化とは異なる高い文化を持ち、中華帝国よりも強力な軍隊を持つ西欧文明の存在が、中国人に認識された後のことである。当初、西欧が布教に努めたキリスト教に対して、圧倒的多数の中国人は、興味を示すことはなかった。時計や天文学などの高度な技術を取り入れようとしただけである。アヘン戦争（一八四〇～四二年）以降、李鴻章《りこうしょう》や曾国藩《そうこくはん》によって推進された洋務《ようむ》運動において掲げられた「中体西用《ちゅうたいせいよう》」論（中国の体制はそのままで西欧の技術だけを用いる）は、西欧文化を中華文化を超えるものと把握していなかった中国人の認識をそのまま表現する。

もちろん、西欧文明の強力さの背景にある文化の高さに気づき、それを認めて中国の改革を進めるべきと考える者たちもいた。それらの中から、春秋公羊学者の康有為《こうゆうい》と『春秋左氏伝』などの古文学を学んだ章炳麟《しょうへいりん》の華夷思想を取りあげよう。

康有為は、歴史は拠乱《きょらん》・昇平・太平と進むという後漢の公羊学者である何休の三世説に基づきながら、拠乱を君主専制の世、昇平を憲法を立て君民の権を定める世、太平を民主平等の大同《だいどう》の世であるとした。そして、同じく何休の孔子素王《こうしそおう》説（孔子を新王朝のために制度を改めた素王〈即位していない王〉とする説）に基づいて段階的に制度を改め、まずは「昇平の世」の実現のため、西欧に習い立憲君主制を取るべきことを光緒帝《こうしょてい》に上書したのである。

その際、なぜ中華が西欧を模範にするべきなのか、という論証部分に、公羊学に基づく華夷思想が置かれている。康有為が、夷狄と華夏の別を『春秋』に由来する、と考えることはこれまでの華夷思想と変わらない。孔子の『春秋』の意味するところは、中国にして夷狄であれば、これを夷狄とし、夷狄でありながら礼儀があれば、これを中国とするということである。すなわち、孔子のいわゆる中国・夷狄の別は、今日のいわゆる文明・野蛮に過ぎない、とするところに新しみがある。康有為は、西欧諸国に儒教の経義の粋を見て、西欧を規範とすべき「中国」と位置付けているのである。

今泰西諸国以治法相競、以智学相上、此誠従古諸夷之所無也。〔…〕嘗考泰西所以致強之由、一在千年来、諸国並立。〔…〕一在立科、励智学。〔…〕一在設議院、以通下情。〔…〕則彼族実暗合経義之精、非能爲新創之始也。

いま泰西《たいせい》（西欧）諸国は、治法によって相競《あい》い、智学によって相尊んでいる。これは誠に古よりもろもろの夷狄にはなかったことである。〔…〕西欧が強力となった理由を考えてみると、一つには千年以上、諸国が並立していることにある。〔…〕一つには科を立てて、智学を奨励していることにある。〔…〕一つには議院を設けて、下情に通じていることにある。〔…〕西欧人は実に経義の精に暗合しており、よく新創の治をなしているわけではない。

（「上清帝第四書」一八九五年六月三〇日、『康有為全集・第二集』）

中華文化の粋は、儒教の「経義の精」にある。康有為は、西欧の文化を「経義の精」と深いところで合致しているものと考えた。そうであれば、西欧は夷狄ではなく、中国となる。しかも、「経義の精」と合致しているのであれば、まったく新しく創《はじ》めた統治を行っているわけではない。西欧の立憲君主制は、『春秋公羊伝』に注を付した何休が説く、昇平の世（憲法を立て君民の権を定める世）の復興となる。清は、それを取り戻すことで日清戦争（一八九四～九五年）に敗れたような衰退から立ち直ることができるのである。康有為はこのように、公羊学に基づいて、「中華」の精髄を西欧に想定する。中国以外の「中華」を設定したと考えてよい。

小野川秀美は、これを最初の上書では西欧の富強の理由を「窮理勧学」に求めていた康有為が、西欧が「経義の精」に相通じるという方向に進むことによって、西欧に対する態度が積極化していると評している（小野川 一九六〇）。しかも、康有為は、西欧を「中国」と考え得ることを中華文化を尊重する満州人の清を「中華」と考え得ることと同様であるとする。こうして、康有為は、光緒帝のもと立憲君主制を目指す戊戌《ぼじゅつ》の変法《へんぽう》を開始したが、袁世凱《えんせいがい》の武力を背景とした西太后《せいたいこう》との政争に敗れ、日本に亡命するのである。

西太后のもと、清が諸国に宣戦して大敗した義和団《ぎわだん》事件（一八九九～一九〇一年）を契機に、中国が西欧諸国に半植民地化されていくと、その元凶である清に対する革命運動が高揚する。章炳麟は、自らが修めた古文学の『春秋左氏伝』を起源とする、「外」の夷狄を禽獣とする華夷思想を掲げて、満州族への支持を次のように批判する。

漢帝雖孱弱、頼其同胤、臣民猶或死之。満州賤族、民軽之、根於骨髄、其外視亡異欧美。故聯軍之陥宛平、民称順民、朝士以分主五城、食其廩禄、伏節而死義者、亡一於漢種。非人人闒茸庸態。同異無所択、孰甘其死。由是言之、満州弗逐、欲士之愛国、民之敵愾、不可得也。浸微浸削、亦終為欧美之陪隷已矣。

漢族の皇帝であれば惰弱《だじゃく》であっても、その同胤であることに頼り、臣民はなおこれのために死ぬものがある。〔しかし〕満州は賤しい種族であり、民はこれを軽んじること、骨髄より根ざしていて、それを「外」に視ることは欧米と異ならない。このため〔義和団鎮圧のために侵攻した八ヵ国の〕連合軍が宛平《えんぺい》を陥落させると、民は「順民《じゅんみん》」と称し〔て降服し〕、朝廷の官吏は〔北京の〕五城を分担して、〔侵略軍の〕俸禄を食《は》み、節に伏して義に死んだ者は、漢族の中には一人もいなかった。〔民も官も降服した理由は〕人々が卑劣なる下僕のようであったためではない。〔満州と欧米とは、漢族と〕同じであるか異なるのかということに区別がなく、〔このため〕誰も甘んじて死のうとしなかったのである。これによって言えば、満州族を駆逐しなければ、士の愛国心、民の敵愾《てきがい》心は、得ることができない。〔満州族を駆逐しなければ、中国は〕しだいに衰えしだいに〔領土を〕削られて、ついには欧米の奴隷の奴隷となるだけである。（新版『訄書《きゅうしょ》』前録「客帝匡謬《きゃくていきゅうびゅう》」）

康有為が『春秋公羊伝』に基づき、満州族を中華と考えることに対して、章炳麟は、夷狄を「我が族類に非ざれば、其の心 必ず異なる」と捉える『春秋左氏伝』成公伝四年の認識に基づきながら、満州族を「族類」と異なる夷狄であることは、欧米と同じであるとする。満州族を駆逐しない限り、漢民族は欧米に当たることができないとしたのである。

3 華夷思想の終焉

日露戦争（一九〇四～〇五年）のころから、章炳麟は次第に種族観念を放棄し、域内の満《まん》（満州族）・蒙《もう》（モンゴル族）・回《かい》（ウイグル族）・蔵《ぞう》（チベット族）の諸族を「中華」に統合した建国構想を掲げていく。日本が欧米化に成功し、ロシアに勝利したことを契機として、儒教は中国の近代化の妨げとなる、という主張も現れており、「古典中国」の枠組みの中で「華夷思想」を語ることに、説得力がなくなっていたのである。章炳麟の「中華」は、孫文の辛亥革命により一九一二年に建国された「中華民国」の国名に用いられていく。

かつて章炳麟に、文字学の基本となる『説文解字《せつもんかいじ》』を学んだ魯迅《ろじん》は、民国六（一九一七）年から始まる胡適《こせき》・陳独秀《ちんどくしゅう》の「文学革命」を具体的に担っていく。「文学革命」の開始を告げる胡適の「文学改良芻議《ぶんがくかいりょうすうぎ》」は、白話で書かれた小説を重視した。それは「国語」の成立が、国民主義の形成のために、最も必要であると考えられたためであった。これを受けて、陳独秀は「文学革命論《ぶんがくかくめいろん》」を著し、儒教を否定していくための文学として、抒情的で写実的、通俗的な特徴を持つ小説を宣揚した。

　こうした胡適・陳独秀の「文学革命」の実践として、魯迅の「狂人日記《きょうじんにっき》」は、翌民国七（一九一八）年に発表された。被害妄想狂の手記という形式で書かれた「狂人日記」は、主人公が、家族や隣人から食われると恐れることを描く。そして、中国が持つ四千年間の人を食ってきた歴史、子どもを殺して親を養ってきた人食いの「孝」を推奨してきた儒教道徳への恐れ、そして自らもまた人を食っていることへの救済の無さと、それに気がつかないことへの恐れを説くことにより、家族制度と儒教の弊害を暴露した。そこには、ゴーゴリの「狂人日記」など東欧系の文学と、陳独秀や呉虞《ごぐ》の儒教批判からの影響がある。魯迅は、こののちも小説を書き続けることで、中国の近代文学と国語の成立に大きな役割を果たしていく。

　こうして、西欧という巨大な文化・文明に対応していく「近代中国」において、儒教は打倒され、それに基づく華夷思想は消滅したはずであった。ところが、仏教の受容が完了するとともに、華夷思想が再び出現してきたように、改革開放《かいかくかいほう》後の経済の急速な発展に伴って西欧文明の受容を完了した「現代中国」では、儒教の復興と共に、華夷思想の新たなる展開が始まっている。漢代以来、長らく夷狄と位置付けられてきた日本は、中国における華夷思想の展開に、注視していかなければなるまい。

底本

孫復『春秋尊王発微』、納蘭成徳編『通志堂経解』、粤東書局、一八七三年
黎靖徳編『朱子語類』、正中書局、一九六六年
雍正帝『大義覚迷録』、文海出版社、一九六九年
韓愈、馬通伯校注『韓昌黎文集校注』、中華書局香港、一九七二年
蕭子顕『南斉書』、中華書局、一九七二年
孟子、焦循正義『孟子正義』、中華書局、一九八七年
顔之推、王利器集解『顔氏家訓集解（増補本）』、中華書局、一九九三年
十三経注疏整理委員会編『春秋公羊伝注疏』、北京大学出版社、二〇〇〇年
十三経注疏整理委員会編『春秋穀梁伝注疏』、北京大学出版社、二〇〇〇年
十三経注疏整理委員会編『春秋左氏伝注疏』、北京大学出版社、二〇〇〇年
康有為『康有為全集』、中国人民大学出版社、二〇〇七年
章炳麟、徐復注『訄書詳注』、上海古籍出版社、二〇〇八年
班固、王先謙補注『漢書補注』、中華書局、二〇〇八年

参考文献

安部健夫「中国人の天下観」、『ハーバード・燕京・同志社東方文化講座』第六輯、一九五六年：のち、『元代史の研究』、創文社、一九七二年所収

山田琢「穀梁伝の成立について」、『日本中国学会報』第十集、一九五八年：のち、『春秋学の研究』、明徳出版社、一九八七年所収
小野川秀美「雍正帝と大義覚迷録」、『東洋史研究』第十六巻四号、一九五八年
小野川秀美『清末政治思想研究』、東洋史研究会、一九六〇年
太田悌蔵「韓愈の排仏の宋学への影響」、『印度学仏教学研究』第十五巻一号、一九六六年
宇都宮清吉『中国古代中世史研究』、創文社、一九七七年
石田肇「新五代史の体例について」、『東方学』第五四輯、一九七七年
吉川忠夫『六朝精神史研究』、同朋舎出版、一九八四年
日原利国『漢代思想の研究』、研文出版、一九八六年
内山俊彦「何休の考えた歴史」、『中国思想史研究』第二四号、二〇〇一年
伊東貴之『思想としての中国近世』、東京大学出版会、二〇〇五年
三浦國雄『「朱子語類」抄』、講談社（講談社学術文庫）、二〇〇八年
渡邉義浩「両漢における華夷思想の展開」、『両漢儒教の新研究』、汲古書院、二〇〇八年：のち、『後漢における「儒教国家」の成立』、汲古書院、二〇〇九年所収
渡邉義浩「「古典中国」の成立と展開」、『中国史の時代区分の現在』、汲古書院、二〇一五年
小島毅「中華の歴史認識」、『「世界史」の世界史』、ミネルヴァ書房、二〇一六年

第二章　正統について

ここで扱う「正統」とは、「異端」と対置される何らかの教理上・イデオロギー上の概念ではなく、政権の「正統性」などという場合の政治的概念である。そして、こうした意味での「正統」という語の来歴を遡るときに見出されるのが、中国の歴史思想において繰り返し提起された「正統論」という議論領域である。なかでも日本の読者にとって親しみ深い論題は、『三国志演義《さんごくしえんぎ》』などを通じて民間の歴史意識にも深く影響を与えた魏・呉・蜀三国鼎立にかかわる正統問題であろう。「正統論」という議論が中国思想において何を示しているのかという理解の枠組みについては、私はほとんど西順蔵《にしじゅんぞう》（一九一四—一九八四）に依拠している（西 一九九五）。そして、「正統論」の歴史の全体像と資料群については、饒宗頤《じょうそうい》が包括的な紹介を行っている（饒 一九七七）。本章の着想も資料収集も、これらに大いに負っている。

付言すると、最初に区別した二種類の「正統」は一応別物ではあるものの、その区別を厳密に維持し続けることはときに難しい。丸山眞男《まるやままさお》（一九一四—一九九六）は、山崎闇斎《やまざきあんさい》学派の思想を解析するに当たり、オーソドキシー（orthodoxy）にかかわる「O正統」とレジティマシー（legitimacy）にかかわる「L正統」という用語の区別を導入した上で、しかし、儒学においては両者の内面的連関が必然的であることを指摘した（丸山 一九九六、二五四頁）。中国で儒教一尊体制が確立された（O正統化した）後漢時代の儒教が、経義解釈を通じて政権を正統化する装置として機能したことについては、渡邉義浩《わたなべよしひろ》の指摘がある（渡邉 二〇一〇）。狭義の正統論における事例としては、朱子学の道義的要求の強さを背景に、O正統としての「道統」に対する明確な対概念としてL正統を位置づけた「治統」なる観念がある（土田 二〇〇六）。事態は錯綜しており、ある意味では錯綜せざるを得ないのかもしれない。

いずれにしても、「統」の歴史をいかに描き出すのか、それが政治的にも思想的にも重大な問題であり続けたということが、中国の思想史を特徴付けている。そのことを、「正統」に即して、議論の最も白熱した時点を中心に点綴してみたい。その時点とは、北宋中期である。それはまさに西順蔵が論じた対象なのであるが、私はここで西とは違う資料の配列を試み、西とは違うところに北宋期正統論の意義を見いだすつもりである。

なお、正統論の議論対象は歴代王朝の興亡であるから、中国史の概観が予備知識としてあることが望ましい。寺田隆信《てらだたかのぶ》『物語　中国の歴史』（寺田 一九九七）を参考文献に挙げておく。参考文献は本書の性格上網羅できないので、読者の方には、挙ったものを手がかりに辿ってみていただきたい。用語についてだが、王朝の呼び方は、同一名称の王朝が区別可能なように適宜調整する（たとえば「魏」だが、三国時代の「魏」は、誤解の恐れがなければ「魏」と呼び、ときに姓を冠して「曹魏」と呼ぶこともある。対して、北朝の「魏」については、原則として単独では呼ばず、慣例や資料での呼び方をも反映して「北魏」・「後魏」等を採る)。また、「欧陽脩」の名の表記は原則としてこの通りとするが、原拠資料に従い「修」とした場合も一々注記しない。

1 正統論的議論の発生

1 政権正統性の観念

中国における政権正統性をめぐる議論は、当初から「正統」という語を用いてなされていたわけではない。しかし、正統性に関する観念は存在しており、後に「正統論」の枠組みにも導入されることになった。

まず挙げるべきは、西周時代に確立されて儒家の政治思想の核心として受け継がれた、天命と徳をめぐる観念である。すなわち、地上を支配する王者は、それにふさわしい徳の持ち主であるべきであり、天という神格が有徳者として認めた者には、地上を支配せよとの天命が下される。そして、徳は特定の血統に受け継がれ、それとともに天命も更新されていくが、徳を失ったと天が見なせば、天はいつでも命を奪って他の有徳者に授ける可能性がある。おおむねこうした観念を、西周時代の支配者たちは自らの正統性根拠とするとともに、元来は生命力を意味した「徳」を倫理性として捉え直し、その保持を自らに課したのである（小南 二〇〇六）。こうした観念は、のちに儒家の経書となる『書』や『詩』に濃厚に反映されている。天が一つである限りは、天命を受けた政権もまた同時的には一つだけだということになり、これが以後の正統論の大前提となった。

この観念は王朝交代の可能性という緊張要因を現政権に与えた。そして、正統性基準として王朝交代の合法性がかなり強く問われる要因ともなった。王朝交代のパターンとしては二種類が想定される。一つは、堯《ぎょう》・舜《しゅん》・禹《う》の伝説とともに想起される「禅譲」である。もう一つは、殷周革命の経験に立脚した「放伐（追放・討伐）」である。後者は外形的には現政権への反逆にほかならず、臣下としての忠節に反するという非難がつねに向けられ得た。周の武王《ぶおう》の軍を阻もうとした伯夷《はくい》・叔斉《しゅくせい》の主張はその例である（『史記《しき》』伯夷列伝）。対して、前政権から有徳者として見いだされて自発的に君位が移譲されるという「禅譲」のストーリーは、簒奪を粉飾するための格好の材料を提供することとなった。

戦国時代の儒家思想家・孟子《もうし》（前三七二？―前二八九？）は、無道の天子を有徳者が「放伐」することを積極的に是認する。その根拠は、無道であるその時点で天子の資格は喪失されており、殷の紂《ちゅう》王は単なる「一夫紂（紂という名の一人の男）」に過ぎないからであった（『孟子《もうし》』梁恵王下）。そして、孟子は君主の政治が拠って立つ原理に着目し、力ではなく徳に立脚した政治を行う者だけが天下の真の盟主たり得ると主張した。

孟子曰、以力仮仁者覇、覇必有大国。以徳行仁者王、王不待大。湯以七十里、文王以百里。以力服人者、非心服也、力不贍也。以徳服人者、中心悦而誠服也、如七十子之服孔子也。詩云、「自西自東、自南自北、無思不服。」此之謂也。

（『孟子』公孫丑上）

孟子は言った。力に頼りつつ上辺だけ仁の名を借りるのは覇者であり、覇者は絶対に大国を保有することになる。徳によって仁を実行するのは王者であり、王者は大きさを必要としない。殷の湯《とう》は七十里四方、周の文王《ぶんおう》は百里四方の領土にすぎなかった。力で人を服従させる者に対しては、人々は心から服従しているわけではなく、力が不足しているのである。徳で人を服従させる者に対しては、人々は心の底から喜んで本当の意味で服従するのである。それはちょうど、七十人の弟子たちが孔子に心服したようなものである。『詩』（大雅「文王有声」）に「西から東から、南から北から、お慕いし従わぬ者はなし」と歌われているのは、以上の意味である。

ここに示された区別を「王覇の弁」と称する。そして、王者と覇者のうち前者だけに正統性を認めるという道義的基準を持ち込むかどうかが、後の正統論では一つの争点となった。また、この引用に示された民の心服という一事は、孟子においては、天命授与者としての天の実質的内容をも成すものであった。天それ自体は何も言わず、具体的な民の向背というかたちで天命に相応しい王者の存在は示されるのである（『孟子』万章上）。これは、為政者の有徳性の判定基準というかたちで、民の支持に正統性根拠を求めた議論といえる。

2　五徳終始説

孟子にやや後れて、極大の時空的広がりを支配する法則を類推・把握した上で現実世界の善導を図ろうとする鄒衍《すうえん》（騶衍とも）という思想家が現れた。彼の所説の中に王朝交代にかかわる「五徳転移」の説（いわゆる「五徳終始説」）が含まれていたことを、『史記』孟子荀卿列伝は伝えている。その具体的内容を示すと見られる記述が、戦国時代の諸思想を併存的に集大成した『呂氏春秋《りょししゅんじゅう》』に残されている。

凡帝王者之将興也、天必先見祥乎下民。黄帝之時、天先見大螾大螻、黄帝曰、「土気勝」、土気勝、故其色尚黄、其事則土。及禹之時、天先見草木秋冬不殺、禹曰、「木気勝」、木気勝、故其色尚青、其事則木。及湯之時、天先見金刃生於水、湯曰、「金気勝」、金気勝、故其色尚白、其事則金。及文王之時、天先見火、赤烏銜丹書集於周社、文王曰、「火気勝」、火気勝、故其色尚赤、其事則火。代火者必将水、天且先見水気勝、水気勝、故其色尚黒、其事則水。水気至而不知、数備、将徙于土。

だいたい、帝王となる者が登場しそうなときには、天が必ず先に下々の民にめでたい現象を示すものである。黄帝《こうてい》の時には、天が先に大ミミズや大ケラを示し、黄帝は「土気が優勢だ」と言った。土気が優勢なので、色としては黄色を最高とし、仕事は土のあり方を模範とした。禹の時になって、天が先に草木が秋冬にも枯れない現象を示し、禹は「木気が優勢だ」と言った。木気が優勢なので、色としては青を最高とし、仕事は木のあり方を模範とした。湯の時になって、天が先に金属の刃が水から生じる現象を示し、湯は「金気が優勢だ」と言った。金気が優勢なので、色としては白を最高とし、仕事は金属のありかたを模範とした。文王の時になって、天が先に火を示し、赤い鳥が赤文字の文書を銜えて周の土地神に集まってきた。文王は「火気が優勢だ」と言った。火気が優勢なので、色としては赤を最高とし、仕事は火のあり方を模範とした。火に代わるものは必ずや水であろう。天が先に水気が優勢なさまを示すはずである。水気が優勢なので、色としては黒を最高とし、仕事は水のあり方を模範とする。水気が到来したのに察知されず、年数が満ちてしまえば、土に移行してしまうだろう。

（『呂氏春秋』応同）

つまり、ある特定の帝王が出現するとは、天が示す五行の特定の気の優勢状態に呼応して、対応する徳をもった人物が政権を樹立し、そのときの気に対応した政治を行うこととして把握される。特定の気の優勢は時間経過とともに次の段階に移行すると考えられているから、ここでの正統性根拠は、世界の状態との誤りなき一致に求められるだろう。

ここでの五行の遷移順序は、「五行相勝」という原理にしたがっている。すなわち、前の気の状態に打ち勝って、後の気が優越するのである。土を破って木が生え出る、火を水が消す、といった関係を想定すればわかりやすいだろう。実際、『呂氏春秋』が編纂された秦国が中国を統一したとき、周の火徳に打ち勝ったものとして水徳を自任したとされる。

ところが、後世の正統論議で五徳終始説による議論がなされるときには、別の原理が採用された。それは「五行相生」説といい、先行する五行の気が母体となって後続する気の状態が生み出されてくるという理論である。平和的な禅譲を根拠づけるのに適したイメージである。次の資料によれば、それは前漢末に宮廷の蔵書整理をしたことで名高い劉向《りゅうきょう》（前七七？―前六？）・劉歆《りゅうきん》（前五三？―二三）父子によって唱えられたものであった。

劉向父子以為帝出於震、故包羲氏始受木徳、其後以母伝子、終而復始、自神農・黄帝下歴唐虞三代而漢得火焉。故高祖始起、神母夜号、著赤帝之符、旗章遂赤、自得天統矣。昔共工氏以水徳間於木火、与秦同運、非其次序、故皆不永。由是言之、祖宗之制蓋有自然之応、順時宜矣。

劉向父子の考え：「「帝は震卦（☳）の表わす東方から生み出す」（『易』説卦伝）ことから、包羲《ほうぎ》氏（伏羲《ふっき》）が最初に木徳を授かり、その後は母から子へと伝え、最後に行き着いたら始めに戻るというようにして、神農《しんのう》・黄帝以下、堯と舜、夏・殷・周三代を経た後に、漢は火徳を得たのである。だから、高祖さま（劉邦《りゅうほう》）が世に出た当初、〔大蛇を斬ったあと、「白帝の子である我が子が赤帝の子に殺された」として〕神母が夜に泣き叫び、赤帝のしるしを明示したところから、旗印を赤とし、天命の血統としての地位を手にすることとなった。昔、共工氏は水徳でありながら木と火との間にはさまり、秦と同様の運気であった。順序どおりに当たっていないためにいずれも短命であった。」こうしたことから言えば、祖宗の定められた制度に対しては自然な反応として瑞祥が伴うものであって、それにより時宜にかなうことになるのである。（『漢書《かんじょ》』郊祀志賛）

この理論によれば、五行相生のサイクルは木徳の伏羲から発しており、すでに三巡目に入っている。漢が火徳なのは堯と同じであり、劉氏は実は堯の子孫だという説（漢堯後説《かんぎょうこうせつ》）も伴っていた。また、秦が水徳を称したのは周知の事実であったが、五行相生の順序において火徳の前は木徳であるから、この理論は秦の正統性の剝奪を意味した。それに伴い、秦が天下を支配した事実をどう説明するかが難題として突きつけられるが、劉向父子の理論では、木徳から火徳への移行には「法則的に」不正規の（それゆえに短命の）水徳王朝が介在するのだとした。これを「閏水」と称する。以前のサイクルでも同様の閏水が存在したとして、火徳の神農と相争った共工氏の説話が利用された。

この理論が登場して間もなく、劉氏からの簒奪を果たして「新」を樹立した王莽《おうもう》は、さっそくこれを利用して土徳王朝の体裁を整えた。これに対し、王莽を打倒して劉氏王朝を復興した後漢の儒学界では、緯書なども援用しながら、孔子が来たるべき火徳王朝（すなわち漢）のために制度を改め、それを歴史記述に託したのが『春秋』だとする解釈が展開された（以上、顧 一九七八、等）。

3　春秋学

「春秋学」とは、孔子が筆削したとされる魯国中心の年代記『春秋《しゅんじゅう》』から、そこに込められた孔子の意図を読み取ろうとする解釈学である。その代表作『春秋公羊伝《しゅんじゅうくようでん》』は、北宋の欧陽脩《おうようしゅう》（一〇〇七―一〇七二）に「正統」という言葉の典拠を提供した文献であった。すなわち、「君子大居正（君子は正しさを守ることを大事にする）」（隠公三年）と「王者大一統（王者は一統を大事にする）」（隠公元年）である。

そもそも、『春秋』を含む年代記の作成とかそれに対する解説書の作成といった作業自体が、戦国時代諸国の正統性主張の具であったと言われる（平勢 二〇〇三）。しかし、漢代になってからの春秋学は、天下の一統を大前提としてその支配を支える理論を抽出しようとしていた。董仲舒《とうちゅうじょ》の名に帰せられる『春秋繁露《しゅんじゅうはんろ》』は公羊学派の成果である。なかでも「三代改制質文」篇では、天人相関に支えられた王者の一統が、夏・殷・周三代に代表される三王朝セットの循環的反復として、制度の改正を通じて表現されるという三統説・改制説が唱えられている。

唐代から宋代にかけては、旧来の伝や注疏にとらわれない新たな『春秋』解釈が志向された時代であった。欧陽脩もまた春秋学を深く受け止めた一人であることはよく知られており、その『五代《ごだい》史記《しき》』執筆や正統論もまた彼の理解する限りでの『春秋』の意図（実事尊重等）に則ったものとして意味づけられていた（『五代史記』にかかわるものとして、斎木 二〇〇六）。

2　三国時代と南北朝時代

後漢滅亡後、三国時代と南北朝時代という二つの長期的分裂を中国は経験する。このことが、正統王朝はどれかという判定の問題を切実なものとした。

二二〇年、曹操《そうそう》の子、曹丕《そうひ》は後漢の献帝からの禅譲を受けるかたちで皇帝位に即き、魏王朝を建てた。その支配に服しない政治勢力が魏の正統性を否認し、各自皇帝位に即くことによって、魏・

蜀漢・呉の三国鼎立の時代に入る。

この三国はそれぞれなりの正統性主張をもち、皇帝即位を荘厳する臣下の勧進文等にそれが表明されている。その様相は陳寿《ちんじゅ》『三国志《さんごくし》』ならびに裴松之《はいしょうし》による注の該当箇所等から伺い知ることができる。具体的には、各種の瑞祥の観察をもとに五徳終始説等により解釈することであり、王朝の寿命といった観念も持ち込まれた（小林二〇〇一）。

三国時代を終わらせつかの間の天下再統一をもたらしたのは、魏からの受禅＝簒奪を果たした司馬氏の晋である。晋に仕えた歴史家・陳寿による三国時代の歴史叙述が『三国志』である。同書は変則的な紀伝体を取る。すなわち、全体が「魏書」・「蜀書」・「呉書」に三分された構成に三国鼎立状況が反映されている。その上で、皇帝についての記録である「紀」を「魏書」のみに立て、ほかは「伝」として扱うことによって、漢→魏→晋と連なる正統性の所在が示される。しかし、陳寿は蜀の出身者であり、その立場からひそかに蜀漢を称揚する仕掛けが張り巡らされていることも、古来指摘されてきた（今鷹一九九二）。

永嘉の乱で華北は五胡の支配に帰し、晋朝は辛うじて江南に再興される。いわゆる東晋である（それ以前が西晋）。この時期に習鑿歯《しゅうさくし》が『漢晋春秋《かんしんしゅんじゅう》』という歴史書を著し、曹魏の正統性を否定したことが伝えられている。『漢晋春秋』そのものはすでに亡び、断片しか伝わっていない。しかし、『晋書《しんじょ》』の彼の伝には、臨終に当たり上疏して進呈した論（いわゆる「晋承漢統論」）が収録され、彼の基本的な考え方を知りうる。

自漢末鼎沸五六十年、呉魏犯順而強、蜀人杖正而弱、三家不能相一、万姓曠而無主。夫有定天下之大功、為天下之所推、孰如見推於闇人、受尊於微弱。配天而為帝、方駕於三代、豈比俛首於曹氏、側足於不正。即情而恒実、取之而無慚、何与詭事而託偽、開乱於将来者乎。是故故旧之恩可封魏後、三恪之数不宜見列。以晋承漢、功実顕然、正名当事、情体亦厭、又何為虚尊不正之魏而虧我道於大通哉。

漢の末に鼎が沸きたつような混乱に陥って以来五〜六十年間、呉と魏は反抗的な姿勢で強く、蜀人は正義を拠り所としながらも弱く、三国はどこにも統一されることがなくて、万民は主と仰ぐべき者のない状態に投げ出されていました。そもそも、天下を平定するという偉大な功績を上げ、天下の人々から推戴されるのは、暗愚な者から推戴を受け、微弱な状態で尊崇されるのと比べてどちらがよいのでしょうか。天に匹敵する存在として皇帝となり、三代と乗り物を並べることが、曹氏ごときに頭を垂れ、不正な輩に恐れ多いと憚るような状況と釣り合いがとれるものでしょうか。実情に即して恒久的視点に立てば、政権を取り上げたことに何の恥じるべきこともございません。事実を詐り嘘の名目にかこつけることで、将来の混乱の発端を作ってよいはずがございません。それゆえ、古なじみとしての恩義により魏の子孫を封爵するのはかまいませんが、三恪《さんかく》〔先行三王朝の子孫としての特別待遇〕の列には加えるべきでないのです。晋としては漢を継承したのであり、その功績は実際に明瞭であります。正された名目は事実に相当しており、動機・実態とも十分に条件を満たしております。それなのに、不正の魏を上辺ばかり尊んで、大いに通達すべき我々の道をそこなってよいはずがないのです。

（『晋書』巻八十二「習鑿歯伝」）

曹魏は不正であるし、「統一」という意味では天下の主となってはいなかったので、魏を飛び越えて漢との間にこそ天下の主という地位の継承関係が成立するはずだ。その観点からすれば、曹魏と司馬氏との間の君臣関係は情勢に迫られたかりそめのことにすぎないという。ここから窺われる習の曹魏否定論をただちに蜀漢正統論と見なすことは困難であるが、五徳終始説から離れた地点で王朝の正統性を判定しているという意味で、後世の正統論的議論の原型を見出すことは可能である（内山一九九六、田中二〇一五）。

江南は東晋からの政権交代が陳まで繰り返された。これに対し、華北は鮮卑の拓跋部が建てた北魏により統一されて以後、分裂と再統一を経て、隋が陳をも滅ぼして中国全土を再統一するに至る。この大きく南北に分かれていた時代を南北朝時代と称し、それぞれの王朝は互いを蔑視して自己正統化を図っていた。

この状況が後世の正統論における難問を構成した。前代からの政権交代の流れに正統王朝の系譜を重ねると、南朝の陳の滅亡とともに途切れる。統一王朝となった隋・唐への流れを遡ると、中国本土から外れて鮮卑の崛起した草原の彼方へと源流が見失われる。欧陽脩はこの事態を「無終」・「無始」と表現したが(「原正統論」および「正統論上」)、それ以前から唐・宋を通じて様々な論者によって論じられ、ある意味では三国時代以上に正統論議の焦点となっていたのである。

3 北宋

宋王朝の支配者層の意識には、五代十国の分裂割拠状況を克服した再統一王朝としての自負と、北方に支配領域を広げた契丹＝遼からの燕雲十六州奪還に失敗し、澶淵《せんえん》の盟(一〇〇四年)で対等の地位を承認させられた屈辱感とが同居していたであろう。これら二つの要因はいずれも、宋代、とくに北宋期に正統論議が盛んに行われた状況に作用したものと考えられる。

すなわち、五代十国の後という時代的位置関係は、唐以来の正統王朝の系譜をめぐって見解の不一致を生み出した。一応の公式見解は、唐の継続・再興として後唐が土徳を称した(朱全忠《しゅぜんちゅう》の後梁を認めない)のを前提に、後晋(金)→後漢(水)→後周(木)の系譜を継ぐ者として火徳を標榜していた。しかし、五代はすべて正統に値せずとして(あるいは唐の土徳は南唐で継続したとして)唐を継ぐ金徳を主張する者など、それ以前の王朝の五徳配当を含めて様々な異論が提起される状況にあった。

三国時代、南北朝時代に続く分裂割拠時代の経験により、五徳終始説の恣意性は弥縫困難な域に達しつつあった。

また、統一王朝を標榜しながらも実態としては中華帝国の伝統的版図の一部を失っている状況は、正統性をめぐる問題をとりわけ敏感なものにしたであろう。澶淵の盟以後の真宗朝で、自己投影先としての曹魏正統化を意図した曹操顕彰が図られ、三国正統論の枠組みが整えられていくという動向が、田中靖彦《たなかやすひこ》により指摘されている（田中 二〇一五）。

1　西順蔵の議論の概要とその問題点

西順蔵の中国思想研究は、中国の統一性をめぐる問いに早期から貫かれ、その関心から正統論にも目を向けていた（一九四一年発表の「疑経」など）。この問題をめぐる考察を、北宋期の議論に即して結実させたのが、一九五三年発表の「北宋その他の正統論」（西 一九九五）である。その論旨はおそらく、内藤湖南《ないとうこなん》（一八六六―一九三四）（内藤 一九九二［一九四九］）や神田喜一郎《かんだきいちろう》（神田 一九四一）による正統論の解説を批判的に摂取した成果であろう。

西順蔵の統一原理への関心において、第一に重要なのは前漢の公羊学において提起された理論であった。それに対して宋代の正統論議は、「天下という理念的な民族的文化的統一と王朝による現実の政治的統一とが理想的にのみ一致し得るということを明確に意識」することにより、正統性の原理を見いだしてそれによって各王朝の正統性をも判定しようとした点にその特長が求められ、「宋以前のは、それは正統論とは呼ばれていないが、各王朝が自己の正統性を証明せんとするもの、以後のは宋代の議論の弛緩した延長にすぎない」と位置づけられる（西一九九五、二二七―八頁）。

西の論述は、正（王朝の連続のしかたの正しさ）と統（天下統一）からなる理念として正統を提起した欧陽脩、道義的観点からそれを批判した章望之《しょうぼうし》、欧陽脩と章望之双方への見解を残すとともに編年史編纂においてこの問題に触れた司馬光《しばこう》（一〇一九―一〇八六）、章望之に反論して欧陽脩の議論を徹底させた蘇軾《そしょく》（一〇三六―一一〇一）の四人の議論を順次取り上げていく。

> 欧陽脩は正と統とを並立させたが、統の事実の中に正が伴うと考えた、正と統とは統の事実がもつ正統という理念の二契機であることを、認めたのではないがいわば感じていたのである。章望之は正統という一個性の理に感づかないで正と統とを単純に並立させたから、欧陽の論は道徳的に不可であるとした。彼は相対的なものを統一性の基準にしようとしたのである。［…］司馬光は欧陽脩が提供した正統の理念を明らかにして、正から区別された統、天下統一の統であるとし、正は相対的基準にすぎないことを明らかにした、章に従って正不正を明弁することが却ってその相対性を明らかにするのである。［…］蘇軾はいわば欧陽・章・司馬の三論の帰結を求める。彼は直接には章の内容相対主義を駁して欧陽の統一性の主張を擁護し、その点司馬の論にも通じておるが、その方法は彼らとは異り、従って結論も

異ってくる。　（西 一九九五、二三九―四〇頁）

かくして蘇軾は、欧陽脩の不十分な議論を徹底させ、絶対的統一の要請、「絶対統一一貫性」という理念的水準を見出した論者として位置づけられることになる（西 一九九五、二四四―五頁）。これは、神田喜一郎に見られたような「そもそも斯くの如き欧陽修や蘇軾等の正統論は支那の史学の倫理的性格に甚しく背馳するものである」（神田 一九四一、二二頁）といった評価軸を鮮やかに転倒させるものでもあった。

西が蘇軾の論に見出した絶対統一一貫性は、中国の正統論を理解する上でなるほど重要な着眼点であるにちがいない。しかし、西の議論に不足しているものがある。それは、資料の時間的順序への配慮である。この問題は、内藤や神田にも共通している。もしこの点に十分な注意を向けるとすれば、特に欧陽脩の議論を早年の見解と晩年の定論とに区別して論じる必要があり、それに伴い、他の論者との論理的関係も若干の修正を迫られることになる。すなわち、欧陽脩早年の見解→章望之の反論→蘇軾→司馬光→欧陽脩晩年の定論というのが時間的順序である。西が欧陽脩の見解として指摘する「統の事実の中に正が伴う」とは、実は晩年にはじめて前景化する部分であるから、章望之が反駁した見解そのものではないし、その見解を蘇軾が徹底させたという関係も倒立していることになるのである。それどころか、欧陽脩晩年の定論は、章望之や蘇軾への一種の応答として読むことすらできるのではないか。そうした見通しのもとに、前掲の順序で資料を読んでいこう。

2　欧陽脩（一）

「正統論」という論題は欧陽脩から始まったとされる。実際には、欧陽脩と同時代の政治家・張方平《ちょうほうへい》（一〇〇七—一〇九一）や欧陽脩早年の盟友・尹洙《いんしゅ》（一〇〇一—一〇四六）が「南北正統論」を論じているが（後者については、岸田 一九九六）、後世に影響した論議のスタイルを確立したのは欧陽脩だといってよい。欧陽脩の正統論として通常参照されるのは『居士集《こじしゅう》』巻十六所収の「正統論三首」である。序論・上・下から成る。西順蔵による欧陽脩の正統論の説明もこれに基づく。

しかし、『居士集』に収録された「正統論三首」は、欧陽脩自身が晩年に改訂したものである。すなわち、『居士集』は欧陽脩晩年の自定文集であり、一〇七二年完成。そこに収録されなかった文章は、南宋の周必大《しゅうひつだい》（一一二六—一二〇四）らによる『欧陽文忠公文集《おうようぶんちゅうこうぶんしゅう》』編纂時（一一九六年完成）に『居士外集《こじがいしゅう》』（以下、『外集』）に収録されたのだが、『外集』巻九には「正統論七首」が収められている。欧陽脩が自作の推敲に熱心であったことはよく知られているが、『欧陽文忠公文集』の校勘記によれば、『居士集』編纂時にとくに大きな改訂が行われた例の一つが「正統論」である。「正統論七首」の形態は慶暦四年（一〇四四）刊『宋文粋』にも収録されていたことも指摘されている。目録の題下注には、『居士集』の「正統論三首」と『外集』の「正統論七首」とのいずれにも「康定元年（一〇四〇）」と記されているが、この年代は「正統論七首」のほうに当てはまるはずである。

そして、「正統論七首」から「正統論三首」への改訂は表現だけでなく本質的内容にも及んでおり、百八十度の転回が反映されているのである（東 一九八八）。

したがって、まずは「正統論七首」等の早年の見解に依拠しながら、その時点での欧陽脩の主張を確認しよう。

「正統論」制作の動機は、上書の文体をもつ「正統論序論」に次のように述べられる。これは『居士集』所収の「三首」に含まれるが、『慶暦文粋』での異同が校勘記に指摘されるから、「序論」は早年に書かれたものがほとんどそのまま利用されているのであろう。

> 臣修頓首死罪言。伏見太宗皇帝時、嘗命薛居正等撰梁・唐・晋・漢・周事為『五代史』、凡一百五十篇、又命李昉等編次前世年号為一篇、蔵之秘府。而昉等以梁為偽。梁為偽、則史不宜為帝紀、而亦無曰「五代」者、於理不安。今又司天所用崇天暦、承後唐、書天祐至十九年、而尽黜梁所建号。［…］蓋後唐務悪梁而欲黜之、暦家不識古義、但用有司之伝、遂不復改。至於昉等、初非著書、第採次前世名号、以備有司之求、因旧之失、不専是正、乃与史官戻不相合、皆非是。

臣下たる脩め、頭を打ち付け死罪を覚悟で申し上げます。拝見しますに、太宗皇帝の御代、薛居正《せつきょせい》らに命じて後梁《こうりょう》（朱梁）・後唐《こうとう》・後晋《こうしん》・後漢《こうかん》・後周《こうしゅう》の事跡を書き記し『五代史《ごだいし》』凡そ百五十篇を作らせなさいました。さらに李昉《りほう》に命じて前時代の年号を編定して一篇とし、宮中図書室に収蔵させなさいました。ところが、昉らは梁を偽としております。梁が偽であれば、史書には帝紀をつくるべきではございませんが、「五代」と言われるものもなくなってしまい、道理として落ち着きません。今、司天監にて用いている崇天暦《すうてんれき》でも、後唐の見解を受け継ぎ、天祐の年号を〔天祐四年に朱全忠が即位したことは無視して〕十九年まで書いて、梁が建てた年号はことごとく排除しております。〔…〕そもそも、後唐が梁への憎悪に力をこめ、これを否定しようとしていたのに、暦の専門家たちは古来の原則を知らず、役人たちの伝承を用いるばかりで、改めないままだったのです。昉らに至っては、書物を著したわけでもなく、前代の年号を順次取り上げて役人の実務の求めに備えただけのことで、もともとの間違いにしたがって、是正に専念することもなく、史官とは食いちがってしまったわけですが、いずれも正しいことではございません。

（欧陽脩「正統論序論」、『居士集』巻十六）

問題の焦点は、五代の諸王朝に対して、宋の公式見解が反映されるべき編纂物の内容が相互撞着している現状である。一方には、後唐の見解を継承して朱梁を偽朝として排除する立場が存在する。ここでは李昉らの年号編纂（『歴代年号』という書名が伝わる）と崇天暦が挙げられているが、宋を火徳と定めたのも同様の立場である。もう一方では、前代の正史として編修された歴史書が『五代史』（いわゆる『旧五代史《きゅうごだいし》』）と名付けられ、梁の君主についても「帝紀」の記述対象としている。つまり、梁を含めた五代諸王朝が中国の中心を担い続けたと見なされているのだ。この自家撞着を是正することが「正統論」の任務である。すなわち、五代諸王朝の正統性認定如何が議論の出発点であり、欧陽脩自身の『五代史記』（後の『新五代史《しんごだいし》』）執筆にも直結する問題意識であった。

西順蔵も指摘するとおり、欧陽脩はこの問題を原理的に考察する。「正統」を理念として定義し、それに照らして、歴代王朝をすべて視野に収めた正統性判定を行おうとする。

伝曰、「君子大居正。」又曰、「王者大一統。」正者、所以正天下之不正也。統者、所以合天下之不一也。由不正与不一、然後正統之論作。堯・舜之相伝、三代之相代、或以至公、或以大義、皆得天下之正、合天下於一、是以君子不論也、其帝王之理得而始終之分明故也。及後世之乱、僭偽興而盗窃作、由是有居其正而不能合天下於一者、周平王之有呉・徐是也。有合天下於一而不得居其正者、前世謂秦為閏是也。由是正統之論興焉。

伝に言う。「君子は正しさを守ることを大事にする」（『春秋公羊伝』隠公三年）。こうも言う。「王者は一統を大事にする」（同、隠公元年）。正とは、天下の正しくない物事を正すためのものであり、統とは、天下が一つでないのを合一させるためのものである。正しくないことと一つでないこととが原因となって、正統の議論が発生した。堯から舜へと伝え、三代が順次交代したのは、至公のためにした場合もあれば、大義に従った場合もあるが、いずれも天下の正しさを得て、天下を一つに合一させたものであるから、君子はあげつらったりしない。それらの事例は帝王としての筋道にかなっており、どこで始まりどこで終わったかが明確だというのが理由である。後世の混乱状況となると、僭上・虚偽の政権が登場し、政権の強奪・窃取が発生するようになった。そのため、正しい地位にいながらも天下を一つに合一させられない者も出てくる。周の平王の時代に呉や徐が王を称していたのがそれである。また、天下を一つに合一させながらも正しさを守れない場合も出てくる。従来、秦を閏位と考えてきたのがそれである。こうしたことから、正統をめぐる議論が成立してきたのだ。

（欧陽脩「原正統論」、『外集』巻九）

「正統」は「正」と「統」、交代の仕方の正しさと天下統一とからなる。この視点で過去の諸王朝を眺めたときに、十分に条件を満たしているかどうか不明確なケースについて判断が迫られる。それが、正統論という議論が必要となる理由だという。正統論が「正」と「統」という基準だけで議論可能だとすれば、そこに五徳終始説を介在させる必要はない。実際、欧陽脩の議論の意図には、自己正統化に利用されるのみの蒙昧の説だとして五徳終始説を排除することも含まれていた（「原正統論」）。

では、「正」と「統」という基準をどう運用し、具体的にはどのような正統性判定を下すのか。この部分が晩年に大きく変化する。晩年の「正統論下」にほぼそのまま使われる部分だが、そちらで正統性判定の分類が移動する王朝名には実線、削除される文言には波線を傍線として付しておく。

凡為正統之論者、皆欲相承而不絶、至其断而不接、則猥以仮人而続之、是以其論曲而不通也。夫居天下之正、合天下於一、斯正統矣。〔堯・舜・三代・秦・漢・晋・唐。〕天下雖不一、而居得其正、猶曰天下当正於吾而一、斯謂之正統可矣。〔東周・魏・五代。〕始雖不得其正、卒能合天下於一、夫一天下而居其上、則是天下之君矣、斯謂之正統可矣。〔如隋是也。〕天下大乱、其上無君、僭窃並興、正統無属。当是之時、奮然而起、並争乎天下、〔東晋・後魏。〕有功者強、有徳者王、威沢皆被于生民、号令皆加乎当世。幸而以大并小、以強兼弱、遂合天下於一、則大且強者謂之正統、猶有説焉。不幸而両立不能相兼、考其迹則皆正、較其義則均焉、則正統者将安与乎。其或終始不得其正、又不能合天下於一、則可謂之正統乎。不可也。然則有不幸而丁其時、則正統有時而絶也。

およそ正統についての議論を行う人々は、いずれも正統が絶えることなく継承されていくことを望み、断絶して続かない局面になると、誰でもいいとばかりに人を借りて続かせようとする。そのために、議論がねじ曲がって通用しなくなるのだ。そもそも天下の正しい位置を占め、天下を一つに統合するならば、正統といえる。〔堯・舜・三代・秦・漢・晋（西晋）・唐。〕天下が一つでなくても、その中で正しい位置を占め、「天下は自分のもとに正されて一つになるべきだ」と主張する資格があるならば、それを正統と言ってもよい。〔東周・曹魏・五代。〕始めは正しい位置を得られなくても、最終的に天下を一つに統合できたなら、そもそも天下を一つにしてその上に場所を占めるならばそれは天下の君なのであるから、それを正統と言ってもよい。〔隋のような例がそれだ。〕天下が大いに乱れ、上に君がおらず、僭上・窃取による政権が我勝ちに名乗りを上げ、正統がどこにも帰属しない。こうした状況にあって、奮然と起ち上がり、並び立って天下を争うならば、〔東晋・後魏。〕功業あるものであれば強者、徳望あるものであれば王として、いずれの場合もその威勢と恩沢は民衆に届き、号令はすべて同時代の世の中に行き渡るであろう。幸いにして、大きいものが小さいものを併合し、強いものが弱いものを服従させ、ついに天下を一つに統合するに至るならば、その大きくかつ強いもののことを正統と言っても、まだしも議論として成り立つであろう。不幸にして両立してしまい相手を服従させられず、その事跡を調べてみてもいずれも正しさがあり、その道義性を比べても同等であるならば、正統はいったいどちらに与えたらよいのだろうか。とくに、最初から最後まで正しい地位をも得られず、天下を一つに統合することもできない場合には、それを正統と言ってもよいだろうか。不可である。だとすれば、不幸にしてそうした状況に遭遇したならば、正統には断絶する時があるのである。

（欧陽脩「明正統論」、『外集』巻九）

「正統」理念の運用方法としては、条件が満たされない場合には正統が断絶してもよいという立場を打ち出したことが画期的である。王朝間の連続的継承への固執が議論の恣意性につながっていたという反省に基づく。

そして、具体的判定においては、単純化していえば、「正」と「統」の両方はもちろん、どちらか一方が満たされただけでもそれは「正統」であるとした。曹魏と五代は東周と並び「正」だけを満たしたケースに分類される。「統」のみのケースはここでは隋だけだが、晩年には西晋が「正かつ統」ではなく統のみとされる。これらに対し、東晋と後魏は、天下大乱の中で、正と統のいずれの条件をも十分に満たし得ず、不幸にして両立に陥ったものと見なされる。東晋から継続する南朝諸王朝、後魏に続く北朝諸王朝も同様である。かくして、いわゆる南北朝時代だけが、正統の断絶時代と認定されることになる。

それにしても、実質的には簒奪と見なされてもおかしくない曹魏が「正」と認定されるのは、なぜか。

彼漢之徳、自安・和而始衰、至桓・霊而大壊、其衰乱之迹、積之数世、無異三代之亡也。故豪傑並起而争、而強者得之。此直較其迹爾。故魏之取漢、無異漢之取秦、而秦之取周也。夫得正統者、漢也。得漢者、魏也。得魏者、晋也。晋嘗統天下矣。推其本末而言之、則魏進而正之、不疑。

あの漢の徳は、安帝・和帝のときから衰え始め、桓帝・霊帝になって大いに崩壊した。それが衰え乱れていった軌跡は、数代にわたり積み重なったもので、三代の滅亡経過と違いはない。かくして、豪傑が並び立って争い、強い者が天下を得たのだ。これは、その事跡だけを直接較べただけのことである。それゆえ、魏が漢を取ったのは、漢が秦を取ったことども、秦が周を取ったこととも何ら違いはない。そもそも、正統を得ていたのは漢であり、漢から得たのは魏であり、魏から得たのは晋である。晋は天下を統合した王朝である。その本末から推し及ぼせば、魏の地位を進めて正しいとすべきことに、疑問はない。

（欧陽脩「魏論」、『外集』巻九）

魏を正統とする判断には、前王朝からの継受が順当であったという以上の意味はないことがうかがえる。欧陽脩が魏を「正」としたさいの「正」の意味は、交代の仕方の「正しさ」でしかない。だから同じ基準が「五代」にも適用できたのだ。

3 章望之

欧陽脩の初期段階の正統論とはこのようなものであった。

章望之という人物は、慶暦三年（一〇四三）に欧陽脩から「表民」という字《あざな》を得るなど、将来を嘱望される後進であった（「章望之字序」、『居士集』巻四十一）。彼が欧陽脩の正統論を批判して「明統論三篇」を著したことは諸書に見え、次項に見る蘇軾「正統論」は「明統論」への批判である。その文は失われ、『全宋文』にも見えないが、蘇軾の文集の一つ、『経進東坡文集事略《けいしんとうばぶんしゅうじりゃく》』が南宋の郎曄《ろうよう》により編まれた際、「正統論」への注に九箇所の引用がなされ、饒宗頤がそれを資料に採録している。

予今分統為二、名曰、「正統・覇統」。以功徳而得天下者、其得者正統也。堯・舜・夏・商・周・漢・唐・我宋、其君也。得天下而無功徳者、強而已矣。其得者覇統也。秦・晋・隋、其君也。

私は今、統というものを二つに分け、「正統・覇統」と名付けることにする。功業や徳望によって天下を得た者については、彼らが得たのは正統である。堯・舜・夏・商・周・漢・唐・我が宋が、正統の君主である。天下を得ながらも功業・徳望がないものは、強いだけであって、彼らが得たのは覇統である。秦・晋・隋が覇統の君主である。

（『経進東坡文集事略』巻十一「正統辨論中」郎曄注引章望之「明統論」）

ここに取り上げられている「統」は、欧陽脩が「正統」に認定したものから魏と五代を除いたものである。これらについて、「正統」と「覇統」に分けて称するべきだというのが、章の論点の一つである。ここでは当然、孟子の「王覇の弁」が踏まえられており、「正統」か否かの判定に、徳か力かという道義的基準が持ち込まれていることになる。

もう一つの大きな論点が、曹魏を正統とすることへの批判である。

予以謂、進秦得矣、而未善也。進魏・梁非也。凡為書者、将有補於治乱也。秦・魏・梁於統之得否、未有損益焉。可惜者、進之無以別善悪也。

私の考えでは、秦を正統に進めたのは当を得てはいるが、十全とはいえない。曹魏・朱梁を正統に進めたのは間違いである。書物を著わすほどの者は、世の治乱に何らかの助けとなることを期待するものである。秦・曹魏・朱梁の三王朝は、統を得ているかどうかの問題について見る限り、損益するところは何もないが、残念なのは、それらを正統に進めてしまうと善悪の区別を施すことができないことである。（同上）

ここでは魏と梁（ひいては五代）が同列に扱われているが、蘇軾や司馬光の言及によれば、魏と五代に対して章望之の扱いは異なっており、それゆえに批判されていた。もしかしたら章望之がその意見を修正したテクストが南宋当時に伝わっていたのかもしれない。ともかく、欧陽脩のように魏を正統に進めるのは、善悪の区別を混乱させ、治乱への助けにならず誤りだとされる。ここでの根拠は、簒奪の悪への道義的批判であるようだ。

次の一連の引用では、もう一つの論拠が読み取れる。

魏不有呉・蜀、猶呉・蜀之不能有魏、蜀雖見滅、呉最後亡、豈能合天下於一哉。

魏が呉・蜀を領有しなかったのは、ちょうど呉・蜀が魏を領有できなかったのと同様である。蜀は〔魏に〕滅ぼされたが、呉は〔三国で〕最後に滅亡したのであるから、天下を一つに合わせることができたなどと言えようか。（同上）

永叔直謂魏居漢・晋之間、彼皆有統、故連魏而挙之也。是不難明。有白大夫者、其父百年而死、其身五十而死、以百方五十、則寿為多矣。他日其子亦百年、得以其父子皆寿而謂大夫非短命、可乎。漢之興也、兼天下而有之。晋之興也、武帝平呉之後、中国莫不臣。魏之興也、兼天下而有之乎。中国莫不臣乎。此三失也。

永叔《えいしゅく》どの（欧陽脩）は単純に、魏は漢と晋との間に位置していて、漢も晋もいずれも統があるのだから、魏も一つながりに正統の地位に持ち上げるのだという考えである。この点の説明は難しくない。白大夫という人がいて、その父親は百歳で死に、自身は五十で死んだとしよう。百を五十と比べれば、格段に長生きである。その後、彼の息子もまた百歳まで生きたとして、父も子も長生きであったからという理由で大夫は短命ではなかったと主張できるとしたら、それは成り立つであろうか。漢が興ったとき、天下のすべてを保有した。晋が興ったときには、武帝が呉を平定して以後、中国はすべてが臣従した。魏が興ったとき、天下のすべてを保有したであろうか。中国はすべてが臣従したであろうか。これが三番目の過失である。（同上）

欧陽脩が漢・晋との連続性からの類推で魏を「正」とし、正統を認めた議論が標的にされている。章望之にとっては、天下を統一できたかどうかが、「統」と言えるかどうかの第一条件であった。その上で、「正統」か「覇統」かの区別が施される。だから、力だけに依拠した秦は、「正統」ではなく「覇統」と称されるべきであった。これに対して、魏はそもそも「統」ではなく、それゆえ「覇統」ですらないのである。

これを見れば、章望之の批判は、従来言われるような道義的観点に止まるものではなく、事実的統一重視の立場をも表していた。

4　蘇軾

蘇軾の「正統論三首」は至和二年（一〇五五）作。章望之の「正統・覇統」の区別に基づく欧陽脩批判を退け、欧陽脩が当初提起した正統論を擁護することを主眼とする。そのさいに蘇軾が立脚したのは、名と実との区別であり、「正統」とは政権の実態を捨象した名にすぎないものとした。名としての正統とは、天下の統一ということであり、西順蔵がいうところの「絶対統一一貫性」の要請にほかならない。

正統者、名之所在焉而已。名之所在、而不能有益乎其人、而後名軽。名軽而後実重。吾欲重天下之実、於是乎始軽。正統聴其自得者十、曰、堯・舜・夏・商・周・秦・漢・晋・隋・唐。予其可得者六以存教、曰、魏・梁・後唐・晋・漢・周。使夫堯・舜・三代之所以為賢於後世之君者、皆不在乎正統。故後世之君不以其道而得之者、亦無以為堯・舜・三代之比。於是乎実重。

正統とは、名の所在にすぎない。名の所在であって、対象の人にとっては何の益をももたらせないようであれば、名は軽いものとなる。名が軽くなれば実のほうが重くなる。私は、天下の実を重くしたいと思ったればこそ、〔正統の名を〕軽くすることとした。正統については、それ自体得ているものと認めてよいのが十ある。堯・舜・夏・商・周・秦・漢・晋・隋・唐である。得てもよいものとして与えてやる対象は六つあり、そこに教えるべき内容を託す。曹魏・後梁・後唐・後晋・後漢・後周である。堯・舜・三代が後世の君主たちよりも優越している理由は、いずれも正統という点にはないとしてやれば、後世の君主で正当な方法によらずしてその地位を得た者についいては、やはり堯・舜・三代に比肩する存在と見なすことはできなくなる。そこで、実が重くなるのだ。

（蘇軾「正統論三首」総論一、『蘇軾文集』巻四）

蘇軾が正統を認定する対象は、欧陽脩と同じである。なかでも魏と五代に正統を認めることについて特別な注意を促している。また、名と実の区別により、真に重要なのは実際の統治内容であるとして、名としての正統を軽いものとして分離している。

章子之説曰、「進秦梁、得而未善也。進魏、非也。」是章子未知夫名実之所在也。夫所謂正統者、猶曰有天下云爾、名耳。正統者、果名也、又焉実之知。視天下之所同君而加之、又焉知其他。章子以為、魏不能一天下、不当与之統。夫魏雖不能一天下、而天下亦無有如魏之強者、呉雖存、非両立之勢、奈何不与之統。章子之不絶五代也、亦徒以為天下無有与之敵者而已。今也絶魏、魏安得無辞哉。正統者、悪夫天下之無君而作也。故天下不合於一、而未至乎両立者、則君子不忍絶之於無君。

章子の説に、「秦・朱梁の地位を進めたのは、当を得てはいるが十全ではない。曹魏の地位を進めたのは、誤謬である。」これは、章子が名実の所在についてよく分かっていないということである。そもそも正統と言われるものは、「天下を保有する」と言うのと同様の意味にほかならず、名でしかない。正統というものが本当に名であるならば、実のことについてそれ以上分かりようもない。天下が共通して君と仰ぐ存在を目当てにその人に加えてやるまでで、それ以上他のことなど分かりようもない。章子の考えでは、魏は天下を統一できなかったので、統を与えるべきではないという。そもそも、魏は天下を統一することはできなかったが、天下に魏の強さと同等の国も存在しなかった。呉は存続していたが、両立するほどの形勢ではなかった。どうして統を与えなくていいものか。章子が五代を切り捨てないのも、天下にそれと匹敵できる存在がなかったと判断した以外には理由などない。今、魏を切り捨てては、魏の側からどうして抗弁せずにすむだろうか。正統とは、天下に君がいないという事態を嫌忌して作られたものである。それゆえ、天下が一つに合一していなくても、両立にまでは至っていないならば、君子はその状態を無君として切り捨てるには忍びないのだ。

（蘇軾「正統論三首」辯論二、『蘇軾文集』巻四）

ここは章望之の魏・五代の扱いの一貫性のなさを批判している（前述のとおり、章望之自身はこの議論を後に修正した可能性がある）。章望之は、天下を現実に統一できなかった魏は統ではないとした。ところが、蘇軾の議論によれば、正統とは理念的要請なので、たとえ分裂状況であっても、両立に至らない限りは（この観点から南北朝だけはやはり正統が認められないのだが）、歴史への判定者たる「君子」の立場からどれかの政権に統を与えるべきだとされる。ここにも名と実とを区別する立場が貫かれ、統一を事実的統一としてのみ捉える章望之を退けている。

吾将曰、其兄四十而死、則其弟五十為寿。弟為寿乎其兄、魏為有統乎当時而已。（同上）

私としてはこう言いたい。兄が四十歳で死んだなら、その弟は五十歳であっても長生きである。弟が兄より長生きであったように、魏は当時において統があったのにほかならない。

これは章望之が魏の正統性を否定するために持ち出した長寿の比喩の逆用である。蘇軾流の名としての正統概念であれば、三国鼎立状況については、相対的比較のもとに強者に正統を認めるしかないし、それで充分である。そのことが、兄弟間での寿命の比較に置き直されている。

このように章望之を批判して欧陽脩の結論を擁護する蘇軾ではあるが、欧陽脩の議論にも批判の目は向けられている。欧陽脩の正統概念は、蘇軾から見れば重すぎた。

雖然、欧陽子之論、猶有異乎吾説者。欧陽子之所与者、吾之所与也。欧陽子之所以与之者非吾之所以与之也。欧陽子重与之、而吾軽与之。且其言曰、「秦・漢而下、正統屢絶、而得之者少。以其得之者少、故其為名甚尊而重也。」嗚呼、吾不善夫少也。幸而得之者少、故有以尊重其名。不幸而皆得、欧陽子其敢有所不与耶。且其重之、則其施於簒君也、誠若過然、故章子有以啓其説。

とはいえ、欧陽子の論には、私の説とは異なる点もやはりある。欧陽子が与えた相手は、私が与えた相手と重なる。欧陽子が与えたやり方は、私が与えたやり方とは違う。欧陽子は重いものとして与えたのに対して、私は軽いものとして与えたのである。それに、彼の言葉にはこうある。「秦・漢以降、正統はしばしば絶え、得た者は少ない。得た者が少ないがゆえに、名としては非常に尊貴で重大なのである。」ああ、私は少ないからといって立派なものとは思わない。幸いにして得た者が少ないからその名を尊貴かつ重大なものとして扱えるわけだが、不幸にして誰もが得てしまったら、欧陽子はどれかに対しては与えないなどという態度を取れるだろうか。それに、正統というものを重く見るならば、簒奪による君主にまでそれを認定するのは、まことに過誤であるように思われる。だから、章子にとってはその

説を開陳する余地が生じたのだ。（同上）

ここに引用された欧陽脩の言葉は、『居士集』ばかりか『居士外集』の本文にも見えず、「明正統論」校勘記に異文として見える。恐らくは「明正統論」の推敲過程で欧陽脩自身によって削除されたのであり、それはもしかしたら蘇軾の議論から一定の影響を受けた結果であるかもしれない。たしかに、基準による判定という論法と希少価値を重んじる発想とは相いれないところがあり、その点がよく修正されたものといえよう。

しかし、蘇軾の賛同と理論的徹底化にもかかわらず、欧陽脩自身の正統性認定はその後大きく変わったのであった。

5　司馬光

司馬光が編年体史書『資治通鑑《しじつがん》』を作るに当たって直面したのは、時間軸をどのように表すか、ということであった。具体的には、どの王朝の年号を用いるのか、である。年号による紀年と六十干支との組み合せにより、一三六二年間にわたる全体像の中でその年を他と区別しつつ前後と関連づけることができるわけだが、分裂状況においてはどうしたらよいのか。『資治通鑑』の叙述が本格的にこの問題に直面した三国時代の開始時点、魏の年号で黄初二年（二二一）の夏四月、漢中王・劉備《りゅうび》が皇帝位に即いた（蜀漢の始まり）という記事の論賛にいう。

臣今所述、止欲叙国家之興衰、著生民之休戚、使観者自択其善悪得失、以為勧戒、非若春秋立褒貶之法、撥乱世反諸正也。正閏之際、非所敢知、但拠其功業之実而言之。周・秦・漢・晋・隋・唐、皆嘗混壹九州、伝祚於後、子孫雖微弱播遷、猶承祖宗之業、有紹復之望、四方与之争衡者、皆其故臣也、故全用天子之制以臨之。其餘地醜徳斉、莫能相壹、名号不異、本非君臣者、皆以列国之制処之、彼此均敵、無所抑揚、庶幾不誣事実、近於至公。然天下離析之際、不可無歳・時・月・日以識事之先後、拠漢伝於魏而晋受之、晋伝于宋以至於陳而隋取之、唐伝於梁以至於周而大宋承之、故不得不取魏・宋・斉・梁・陳・後梁・後唐・後晋・後漢・後周年号、以紀諸国之事、非尊此而卑彼、有正閏之辨也。昭烈之於漢、雖云中山靖王之後、而族属疏遠、不能紀其世数名位、亦猶宋高祖称楚元王後、南唐烈祖称呉王恪後、是非難辨、故不敢以光武及晋元帝為比、使得紹漢氏之遺統也。

私めがここで述べる内容は、王朝の興亡を叙述し、民衆が幸せであったかどうかを明らかにして、考察者に自分でそこから善悪得失を選び取ってそれを勧戒とさせようとするに止まり、『春秋』のように褒貶の法を立て、乱世を収束させて正しさへと立ち返らせるものではない。正閏〔正規と非正規〕の区分については、とても理解の及ぶものではないが、功業の実際的内容を根拠に言うならば、周・秦・漢・晋・隋・唐は、いずれも中国全土を一つにまとめた実績があり、その位を後世にまで伝えていて、子孫が微弱となり居処を移すことになっても、なお祖宗の事業を受け継ぐことで復興の期待がつながっており、四方で支配権を争っている相手も、いずれももとを正せば臣下であるから、完全に天子としての格式を用いて彼らの上に臨むことができる。それ以外の、支配領域も徳も同程度で、統一を果たすことができず、同様の称号を称え、もともと君臣関係になかったような諸政権については、すべて列国としての格式で処遇してやり、相互に対等にして、特定の政権を引き立てたりしないならば、事実をごまかさず、至公に近いものといえるだろう。しかし、天下が分裂している時代については、事件の先後関係を記述するために歳・時・月・日がないわけにはいかないので、漢の政権が魏に伝わって晋がそれを受け、晋が劉宋に伝わって陳に至り、隋がそれを取り、唐が後梁に伝わって後周に至り、大宋がそれを受けたことに依拠する限り、曹魏・劉宋・南斉・蕭梁・陳・後梁・後唐・後晋・後漢《こうかん》・後周の年号を採用して諸国の事件を記述せざるを得ない。これらの政権を尊んで他を卑しめ、正閏の区別を立てているわけではないのである。昭烈〔本条で蜀漢の皇帝位に即いた劉備〕と漢との関係は、中山王・劉靖の子孫だとは言っても、親族関係が疎遠であり、何代目なのか、どういう位を得ていたのかも記録に留めることができないほどであった。それはちょうど、劉宋の高祖・劉裕《りゅうゆう》が〔前漢の〕楚の元王の子孫だと称し、南唐の烈祖・李昪《りべん》が〔唐王朝の〕呉王恪《かく》の子孫だと称したのと同様であって、その是非について判別しがたい。それゆえ、後漢《ごかん》の光武帝や東晋の元帝と類比的に扱って漢から残された系統の継承を認めるという措置は、取ることができなかった。

（司馬光『資治通鑑』巻六十九「魏紀一」、文帝黄初二年「夏四月、丙午、漢中王即皇帝位於武担之南」条論賛）

ポイントを列挙しよう。

第一に、事実レベルにおける中国全土の統一という基準を設けている。

第二に、分裂時代については、三国時代は魏を採り蜀漢を採らない。歴史叙述の実際上、欧陽脩や蘇軾が「両立」に該当するとして正統を与え得なかった南北朝時代についても対応を迫られるが、晋からの継承関係により南朝の年号を採用し、陳の滅亡をもって北朝系の隋の年号に移行する。五代十国については後梁を含めて五代の年号を用いる。要は、統一王朝と認めうる系列との連続性を重んじた処理である。

第三に、この問題を、紛糾してやまない「正閏」の議論、いわゆる正統論とは区別しようとしている。しかし、議論の内実は、欧陽脩・蘇軾らと同様に統一という基準のもとでの諸王朝の判定であるから、実質的には正統論といえるだろう。

司馬光がこの見解に至った経緯は、劉義仲《りゅうぎちゅう》『通鑑問疑《つがんもんぎ》』一巻（『豫章叢書』等所収）によって知りうる。劉義仲は、『資治通鑑』書局で活躍した劉恕《りゅうじょ》の子であり、父がいかにして『資治通鑑』完成に寄与したかを明らかにしようとしている。その冒頭数条により、劉恕と司馬光との討議を通じて前掲論賛に示された方針が見出されたことがわかる。

前掲論賛は「魏紀」に含まれており、巻頭に記された司馬光の官銜の変遷から、皇帝への進呈時期は治平四年（一〇六七）～熙寧三年（一〇七〇）の間に絞られる。

この『通鑑』の方針にも言及しながら、欧陽脩と章望之の意見の相違を論評した記述が、ある書簡に残されている（「答郭純長官書」、『司馬光集』巻六十一所収）。そこでは、欧陽脩「正統論七篇」の論旨として正統の断絶可能性を認めた点を高く評価しつつ、曹魏を正とした点等に疑問の余地を認め、章望之が天下の事実的統一を重視して魏を排除したことが是認される。一方、章望之に対しては、魏と五代とで扱いを異にして後者を覇統に認定したことを誤りだとする。年代的には、すでに皇帝から『資治通鑑』の書名が賜与され正閏に対する方針も定まった後だから、一〇六〇年代末が上限である。欧陽脩の晩年に当たる。欧陽脩の正統論は、初期段階の論旨を通じて同時代的な議論を呼んでいたのであった。

6　欧陽脩（二）

欧陽脩最晩年の正統論は、どのようなものか。次の引用原文は、九七頁の引用の改訂後の姿である。ここで新たに加わったテクストに二重傍線を付し、日本語訳はそこだけとする。王朝の分類変更がなされた記述には実線の傍線を付する。何が削除され、何が追加され、何が変更されたかを比較してみていただきたい。

凡為正統之論者、皆欲相承而不絶、至其断而不属、則猥以仮人而続之、是以其論曲而不通也。夫居天下之正、合天下於一、斯正統矣、堯・舜・夏・商・周・秦・漢・唐是也。始雖不得其正、卒能合天下於一、夫一天下而居上、則是天下之君矣、斯謂之正統可矣、晋・隋是也。天下大乱、其上無君、僭窃並興、正統無属。当是之時、奮然而起、並争乎天下、有功者彊、有徳者王、威沢皆被于生民、号令皆加乎当世。幸而以大并小、以彊兼弱、遂合天下於一、則大且彊者謂之正統、猶有説焉。不幸而両立不能相并、考其迹、則皆正、較其義、則均焉、則正統者将安予奪乎。東晋・後魏是也。其或終始不得其正、又不能合天下於一、則可謂之正統乎。魏及五代是也。然則有不幸而丁其時、則正統有時而絶也。故正統之序、上自堯・舜、歴夏・商・周・秦・漢而絶、晋得之而又絶、隋・唐得之而又絶、自堯・舜以来、三絶而復続。惟有絶而有続、然後是非公、予奪当、而正統明。

それゆえ、正統の順序は、古くは堯・舜から夏・商・周・秦・漢と巡歴して絶え、晋がそれを得てからまた絶え、隋・唐がそれを得てからまた絶えた。堯・舜以来、三回絶えてはまた続いてきたのである。絶えることも続くこともあるとしてこそ、是非判断は公平となり、予奪は当を得て、正統は明らかになるのだ。

（欧陽脩「正統論下」、『居士集』巻十六）

「正」と「統」の基準による判定という論法と断絶可能性を認めるという立場は、変わらない。だから基本的に変化はないという評価もなされているほどである。

しかし、魏と五代への評価が正統から非正統へと逆転しているのは非常に大きな変化と言わねばならない。なぜそうなったのか。初期段階と比較して考えたい。

そもそも初期段階で魏と五代が正統とされたのは、「統」ではなくても「正」であるという基準に合致したからであった。その類型が改訂後には消滅し、魏と五代は「正」でも「統」でもないものへと分類変更されている。一方で、「正」ではなくても「統」であるという類型は温存され、隋に加えて晋（西晋）がそこに分類変更されている。つまり、初期には「正」かつ「統」とされた晋が、晩年には「統」のみとされた。

ここからいえる第一の点は、この段階で欧陽脩においては「統」優位の正統性基準が確立されたということである。しかも、その統とは、蘇軾流の理念的統一ではなく、事実的統一である。晋と隋が正統と認められたのは、ひとえに天下統一を達成したからであった。

第二に、「正」の内容がより道義的色彩の強いものに変化している。初期段階の「正」は、継受の順当さにすぎなかった。それに対して、晩年に五代を正統から除外するために持ち込まれた論拠は、「賊乱の君」（「正統論下」）だからというものだった。晩年の五代評価では、まずその君主の動機や行跡が判定対象となり、なおかつ統一が達成できていないところから正統が否認される（同）。梁とその他四朝とに区別を認めないのは初期と同じだが、その評価は反転している。おそらくこの変化が、西晋の分類変更の原因でもあるだろう。

第三に、こうした個々の判定の変化により、南北朝時代だけだった正統断絶時代が歴史上三回に増加した。いわば、正統の椀飯振舞《おうばんふるまい》が改められたのである。

このうち第二の点は、東英寿《ひがしひでとし》が指摘したとおり、欧陽脩自身が『五代史記』執筆を通じて五代という時代への認識を深めたことが大きな要因であろう（東 一九八八）。これを受けて、『五代史記』が無統の世の歴史叙述へと性格を変化させたことについて、私も述べたことがある（林 二〇〇三）。

これに対して、第一の点は、事実的統一を重視する章望之からの批判を実質的に受け入れたことになるのではなかろうか。もちろん、道義性の重視も章望之の論点に含まれており、彼はその観点から秦・晋・隋を覇統に分類していたので、秦以外の評価については同調したものと見えなくもない。しかし、それにも増して、事実的統一を正統の第一の条件とする章望之の批判こそ、晩年の欧陽脩の「統」優位の基準を先取りしていたといえる。いわば、せっかくの蘇軾の弁護にもかかわらず、晩年の欧陽脩は、むしろ章望之寄りの立場にシフトしたのであった。

そして、第三点は、無統の世の認定に躊躇を感じさせないその後の正統論のスタイルを方向付けているように思われる。代表例は、朱熹《しゅき》である。

4 南宋

朱熹（一一三〇—一二〇〇）は、司馬光の『資治通鑑』が編年体であることによる一覧性の不足に不満を抱き、より分りやすい体裁に書き改めることを目指した。その成果が『資治通鑑綱目《しじつがんこうもく》』五十九巻（以下、『綱目』等と略称）である。編年体であることはそのままに、事件の概要を一言でまとめた「綱」をまず該当する時間軸上に本文として表示して、その事件の通時的経過等の細部を「目」として注記した。

本書制作の目的の一つが、正統の判定であった。

問『綱目』主意。曰、「主在正統。」問、「何以主在正統。」曰、「三国当以蜀漢為正、而温公乃云、某年某月「諸葛亮入寇」、是冠履倒置、何以示訓。縁此遂欲起意成書。〔…〕」〔大雅〕

『資治通鑑綱目』執筆の主目的について質問した。答：「主眼は正統にある。」質問：「どうして主眼が正統に置かれているのでしょうか。」答：「三国は当然、蜀漢を正とすべきなのに、温公《おんこう》〔司馬光の諡〕が、某年某月「諸葛亮《しょかつりょう》が侵攻した」などと表現されているのは、冠と履き物を転倒させたもので、どうして教訓を示すことができよう。それが理由で一念発起して書物を完成させたいと思うに至った。〔…〕」〔余大雅《よたいが》の記録〕（『朱子語類』巻一〇五、第五十六条）

自序にあたる「資治通鑑綱目序例」（一一七二年）によれば、正統は年の表示により示される。まず上欄外に干支が示されて後、その下に正統王朝の年号が表示される。非正統政権の年号については行を分割した小字注で示されるという。ただし、前掲の発言に見られるように、正統かどうかは、個々の事件を叙述するさいの主客等、書法・表現の細部まで規定するものと想定されている。これを徹底させようとするのが、朱熹の当初の目的であったらしい。いわゆる『春秋』の筆法による褒貶である。また、三国時代については蜀漢を正統としたことが先の発言に窺われるが、「無統」の時代の存在も朱熹は想定しており、そこでは干支の下にただちに列国の年号が分注された。

こうした書法の原則をまとめたとされるのが「凡例」であり、後世『綱目』が商業的に出版され普及していくさいに、必ず掲げられるようになった。しかし、最初に世に出たのは元代後期であり、偽作の疑いも濃厚である（中砂 二〇〇二、一〇九頁）。もっとも、偽作だとしてもその取材源は『資治通鑑綱目』本文であるに違いなく、その意味では、朱熹の考えと大きな矛盾はなかろう。

「凡例」統系に示される正統論については、土田健次郎《つちだけんじろう》のまとめがわかりやすい。

正統……周、秦、漢、〔晋、〕隋、唐。

簒賊……(正統の王朝から位を簒奪したがそれを次代に伝えられなかった者) 漢の呂后、王莽、唐の武后の類。

無統……周秦の間、秦漢の間、漢晋の間、晋隋の間、隋唐の間、五代。

(土田 二〇〇五、二八八頁、〔 〕内引用者補)

言い換えると、天下を統一して二代以上続けば正統である。そして、正統王朝からの血縁的連続性と政権存立において蜀漢も正統と判定されるのだが、それは東晋も同様であった。土田も言うとおり「驚くほど割り切った乾いた内容である」(同上)。

しかも、晩年の朱熹はさらに統一重視の立場にシフトしていたらしい。

問、「正統之説、自三代以下、如漢・唐亦未純乎正統、乃変中之正者。如秦及西晋・隋、則統而不正者。如蜀・東晋、則正而不統者。」曰、「何必恁地論。只天下為一、諸侯朝覲獄訟皆帰、便是得正統。其有正不正、又是随他做、如何恁地論。〔…〕又有無統時、如三国・南北・五代、皆天下分裂、不能相君臣、皆不得正統。〔原注:義剛録作「此時便是無統。」〕某嘗作『通鑑綱目』、有「無統」之説。此書今未及修、後之君子必有取焉。温公只要編年号相続、此等処、須把一箇書「帝」・書「崩」、而餘書「主」・書「殂」。既不是他臣子、又不是他史官、只如旁人立看一般、何故作此尊奉之態。此等処、合只書甲子、而附注年号於其下、如魏黄初幾年、蜀章武幾年、呉青龍幾年之類、方為是。」又問、「南軒謂漢後当以蜀漢年号継之、此説如何。」曰、「如此亦得。他亦以蜀漢是正統之餘、如東晋、亦是正統之餘也。」〔…〕〔淳。義剛同。〕

質問：「正統の説ですが、三代以降は、漢や唐でも純粋には正統とはいえず、変則的な中での正しいものです。秦および西晋・隋については、統ではあっても不正なものです。蜀・東晋については、正しくはあるが統ではないものです。」答：「そんなふうに論じる必要はない。天下が一つとなり、諸侯がみな朝見に参集して裁判の最終判断がすべて仰がれるようでありさえすれば、正統といえる。個々の正不正は、その政権が勝手にしでかすだけのことで、どうしてそんなふうに論じられよう。〔…〕無統の時代というのもあって、三国・南北朝・五代は、いずれも天下が分裂し、相互に君臣関係など成立しておらず、すべての国が正統を得られない。〔原注：黄義剛《こうぎごう》の記録では「これらの時代が無統なのだ」とする。〕私はかつて『通鑑綱目』を作り、「無統」の説を立てた。この書物は今もまだ整理できていないのだが、後世の君子にはきっと取り入れてもらえるだろう。温公は年号が連続するように編修することしかお考えにならず、こうした箇所では必ず一つの政権についてのみ「帝」と書き〔その死を〕「崩」と書き、残りは「主」と書き〔その死を〕「殂」と書くようにされた。その王朝の臣子でも史官でもなくて、脇で立ち見の見物人同然でしかないのに、どうしてこんな尊崇の態度を示すのだろう。こうした箇所は、甲子だけを書いて、年号をその下に附注するのが正しい。「魏黄初何年、蜀章武何年、呉青龍何年」という具合にだ。」また質問：「南軒どの（張栻《ちょうしょく》）は、漢の後は当然蜀漢の年号で引き継ぐべきだとのお考えでしたが、この説はいかがでしょうか。」答：「それでもいい。彼の考えは、蜀漢が正統の末流だからということで、東晋の場合もやはり正統の末流である。」〔…〕［陳淳《ちんじゅん》の記録。黄義剛も同じ。］

（『朱子語類』巻一〇五、第五十四条）

陳淳と黄義剛との同席記録は朱熹最晩年に限られる（田中 二〇〇一、一四六頁）。ここでの朱熹は、正統の君主とそれ以外を書き分ける書法にもはや拘りをもっていない。統一政権の存在しない時代は無統として並列的に扱えばよいとする。この点で、正統の認定は欧陽脩晩年の立場に近づくであろう。ところが、現行『綱目』の採る蜀漢を漢の継続と見なす考えを否定したわけでもない。要するにどうでもよくて、ただ正統の「正」の判定を歴史叙述に過剰に持ち込むことだけは厳に退けられる。その意味では蘇軾にすら接近した考え方である。

朱熹においては、干支の連続性さえあれば天下の絶対的統一性は保証可能だと想定できたのであろう。疑問としては、干支による紀年自体が唯一の紀年方式とは言えず相対的なものではないかという問題と、干支による紀年を共有しながらも中国的天下にとっては外部であるような世界（たとえば中国での改暦を反映せずにローカルな暦を使い続けた日本）があり得るのではないかという問題が考えられるが、今は措いておこう。

ともあれ、朱熹の考えがこのように「割り切った」ものであったとしても、割り切れないのは後世の学者たちであり、また三国の故事を享受する大衆であった。「正」の判定をめぐる道義的基準の問題は、その後の正統論の歴史に執拗に回帰するであろう。

5 元・明・清

1 概要

正統論のその後を充分に追跡することは、紙幅や能力の制約により難しい。箇条書き的に注意すべき論点を概括し、そのあと数点の関連資料を読んでみよう。

第一に、五徳終始説の終焉である。最後の徳運論議は、宋を南遷に追い込みながらもモンゴルの侵攻に悩まされていた当時の金朝でなされ、元では五徳の議論は取り上げられなかった。金朝での議論は『大金徳運図説《だいきんとくうんずせつ》』一巻（『四庫全書』所収）にまとめられているが、宋の火徳を継ぐ土徳とした泰和二年（一二〇二）の決定に対して、十二年後に再度議論が蒸し返されている様子が見て取れる。徳運にかかわりなく国号にもとづいて金徳とすべきだとする議論、宋をも否定して唐を継ぐものとして金徳とすべきだとする議論などが提起され、ほとんど収拾不可能な様相を呈していた。元以後の国号は特定の地名ではなく美名となり、天運との対応関係で正統化する議論も放棄されるに至った。こうした変化の背景には、天と天子との関係づけをめぐる儒学理論の転換も連動していた（溝口他 二〇〇七、九八―一〇一頁：小島毅執筆部分）。

第二に、「道統」・「治統」説の登場である。その機縁は元朝における『宋史《そうし》』・『遼史《りょうし》』・『金史《きんし》』纂修問題である。元朝では、『遼史』・『金史』・『宋史』の三史がすべて正史として編修された。各王朝の独立性が重視されたかたちである。その方針に影響したとみられる脩端《しゅうたん》なる人物の議論については古松崇志《ふるまつたかし》の訳注・研究がある（古松 二〇〇三）。一方、こうした扱いにあきたらない宋正統論者が、朱子学で想定された「道統」の系譜を地理空間的にも捉え直し、それと一体であるべきものとして「治統」を設定する議論を提起した。すなわち、治統は道統と一致すべきであり、堯・舜・三代がそうだったように、道統のありかにおいてのみ治統もまた成立する。よって、宋王朝こそ、その滅亡に至るまで治統の所在地であったとされる。

第三に、明代朱子学における正統論の道義性基準の強化である。そこには、中国全土を異民族に支配された元という時代を経過した時点における、漢人の夷狄排除意識が強烈に認められる。夷狄は「人ならぬもの」であるがゆえに、その支配に服していた期間は人としての文化・倫理が毀損された不正の時代であったとされるのである。明初の方孝孺《ほうこうじゅ》（一三五七―一四〇二）が「釈統上」（『遜志《そんし》斎集《さいしゅう》』巻二）において、三代・漢・唐・宋のみを「正統」と認め、簒奪・暴政・「夷狄」や「女后」の政権を「変統」に格下げすることを主張し、この考え方を継いだ丘濬《きゅうしゅん》（一四二一―一四九五）『世史《せいし》正綱《せいこう》』三十二巻は元を正統から除外した。これらの朱子学者は朱熹の『綱目』や「凡例」にあきたらず、「正」の基準を強化したのである。

第四に、第三点と密接に関わるが、『三国志』故事等を通じての俗文学における道徳主義的正統論の普及である。俗文学の歴史小説は、おおむね『綱目』や各種の『通鑑』節略本をもとに改編・増補した「綱鑑」系通俗歴史書に材料を求めており、そこには科挙受験者層の需要に応えるべく多種大量の評語が取り込まれていた（高津 一九九一）。それらの書物では、朱熹作とされる「凡例」が常に参照されつつも、往々にしてより道徳主義的な編纂方針や評論が採用されていたのである。三国時代については当然のように蜀漢が正統とされ、夷狄敵視が際立つ丘濬『世史正綱』の評語も影響力を振るった（中砂 二〇一二）。

第五に、清代における政権正統化言説の強化と、知識人レベルでの正統論の空洞化である。清朝権力の自己賛美ならびに翼賛的言説においては、史上空前の「大一統」（ここでは「大いなる一統」の意味が強い）の実現者としての側面が強調されるとともに、清朝皇帝こそ道統・治統の一致を体現したものと位置づけることが行われた。

しかし、清朝の知識人間では、朱子学の道徳主義への反発が一種のムードとして共有されており、道義重視の視点が浸透していた正統論という議論様式に対しても、冷淡なスタンスが目立つようになっていた。いわば、政権の自己正統化の強度と反比例するようにして、「正統」という観念そのものが空洞化していたのである。

2 「道統」と「治統」

元末江南の文人・楊維楨《ようい てい》(一二九六—一三七〇)が「正統辨」という文章を著したことは、同時代的によく知られていた。本人の文集には伝わらないが、他者の記録に引かれて内容を知ることができる。そこで力説されていたのが「道統」・「治統」の説である。

抑又論之、道統者、治統之所在也。堯以是伝之舜、舜以是伝之禹・湯、禹・湯伝之文・武・周公・孔子。孔子没、幾不得其伝百有餘年、而孟子伝焉。孟子没、又幾不得其伝千有餘年、而濂・洛周・程諸子伝焉。及乎中立楊氏、而吾道南矣。既而宋亦南渡矣。楊氏之伝、為豫章羅氏・延平李氏、及於新安朱子。朱子没、而其伝及於我朝許文正公。此歴代道統之源委也。然則道統不在遼・金而在宋、在宋而後及於我朝、君子可以観治統之所在矣。

さらに論じてみると、道統とは、治統のありかである。堯はそれを舜に伝え、舜はそれを禹・湯に伝え、禹・湯はそれを文王・武王・周公・孔子に伝えた。孔子が没して、その伝承

> はほとんど百年余りにもわたって得られなかったところ、孟子がそれを伝えた。孟子が没して、さらにその伝承はほとんど千年余りにもわたって得られなかったところ、濂渓の周子(周敦頤《しゅうとんい》)や洛陽の程子(程顥《ていこう》・程頤《ていい》)といった諸子がそれを伝えた。中立楊氏(楊時《ようじ》)に及んで、我らが道は南方に遷ることとなった。その後、宋もまた南渡したのだ。楊氏の伝承先は、豫章羅氏(羅従彦《らじゅうげん》)・延平李氏(李侗《りとう》)となり、新安の朱子にまで及んだ。朱子が没して、その伝承は我が元朝の許文正公(許衡《きょこう》)にまで及んだ。これが、歴代道統の系譜の筋道である。だとすれば、道統は遼・金にはなくて宋にあり、宋にあって後に我が朝にまで及んだのであり、君子はここから治統のありかについても考察することができるだろう。
>
> (陶宗儀《とうそうぎ》『南村輟耕録《なんそんてっこうろく》』巻三「正統辨」引楊維禎《［ママ］》「正統辨」)

本文の執筆動機は明らかに『遼史』・『金史』・『宋史』三史纂修への異議申し立てにある。遼や金には道統は伝わっておらず、よって、治統もまたそこにはなかった。治統の所在として編修されるべき歴史書は『宋史』のみだというのである。もっとも、この伝でいくと、孟子以後北宋までの時代については治統の所在がなくなってしまい、正史もまた書き得ないことになりかねないのだが。

3　明代通俗歴史書の正統論

概要の第三点・第四点にかかわるものとして、ある通俗歴史書の元代史部分冒頭に付されたコメントを見よう。出典は、万暦三十八年（一六一〇）に福建・建陽の出版業者・余象斗《よしょうと》が刊行した一種の「綱鑑」ものである。善書で有名な袁黄《えんこう》（号・了凡）の撰とあるが、当時の「綱鑑」ものは、ほぼ間違いなく有名文化人の名を借りたものである。

史臣曰、嗚呼、孔子『春秋』絶筆之後、至是一千八百六十一歳矣。其憂世之心、始大験于此。嗚呼、極矣。天生聖人以為一世之主、必使華夷各止其所而安其分、則人道立而天理明、地利得矣。不然、紛紛擾擾、相争相奪、競地之利、昧天之理、而人道於是乎不立矣。聖人有見於此、故其制治保邦、拳拳然以蛮夷猾夏為憂、著書立言、諄諄然以内夏外夷為戒、非徒為一世計、所以為万世計也。世儒以其一世之微功而忘其万世之大戒、是豈上天立君之意哉。是豈聖人立教之心哉。窃原天地之理、惟聖賢之意、以厳万世華夷之防、於元混一天下、依綱目南北朝五代例、分書其年号於甲子之下、且黒其圏以見其為純陰之世。天翻地覆夷狄反為華夏之主、自天地開闢以来未始有也。有之始於此。

史臣のコメント：ああ、孔子が『春秋』執筆の筆を絶って後、この時点までは一八六一年間である。彼が世を憂えた心は、このとき初めて確かめられることとなった。ああ、これ以上のことはない。天は聖人を生み出して一つの時代の主とし、必ず華と夷とにそれぞれふさわしい場所にとどまってその分際に落ち着くようにさせる。そうすれば人道が確立されて天理は明らかとなり、地の利は享受されるのだ。そうでないと、大混乱のうちに争奪合戦となり、地の利を競い、天の理には暗く、人の道はそのために確立されなくなってしまう。聖人はそのことを見通したから、治のありかたを定めて国家を保つさいには、蛮夷が中夏をかき乱す恐れをたいせつに気に懸け、書物を著し言葉を残すさいには、華夏を内部とし夷狄を外部として扱うことをくどいまでに戒めとした。それは単に一時代だけのために計ったのではなく、万世のためを思った計りごとであった。世の儒者は、一時代のみの微々たる功績を理由に万世の大いなる戒めを忘れているが、いったいそれが、上天が君主を立てた意図であろうか。聖人が教えを立てた心であろうか。天地の理とは何かと愚考し、聖賢の意図について思いめぐらした結果として、万世にわたる華と夷とのけじめを厳密にすることとした。元が天下を混一した時代については、『綱目』での南北朝・五代の例に従い、その年号を甲子の下に分注として書き、そのうえ、その〔通常は王朝名を表示する〕丸囲みを黒塗りにして純陰の世であったことを示す。天も地もひっくり返って夷狄が逆に華夏の主となった事例は、天地開闢以来未だかつてなかったのに、この時点で初めて出来したのである。

（袁黄『鼎鍥《ていけつ》趙田了凡《ちょうでんりょうぼん》袁先生《えんせんせい》編纂《へんさん》古本《こほん》歴史《れきし》大方《たいほう》綱鑑補《こうかんほ》』巻三十八「元紀」題下注）

「史臣曰」とあるが、丘濬『世史正綱』（『四庫全書存目叢書』所収）巻三十一、「元世史」として叙述される一年目「庚辰●〔ママ〕〔元主忽必烈《フビライ》至元十七年〕」（一三四〇）からの引用である。脱文や字句の異同はあるがそのままとした。この書物での丘濬からの引用は、他所では「丘瓊山曰」、「丘文荘曰」などとして散見され、通俗書ならではの不統一ぶりである。また、本文中では、年号の処理はここで言われたとおりになっているが、「丸囲みを黒塗りに」することまではしておらず、巻首の「歴代帝王国統相承之図」では「元」も正統の列に加えているなど、切り貼りの杜撰さが露呈している。ともあれ、こうした通俗歴史書のコメントによってこそ一般読者の歴史認識が形成されたであろうことは、注意しておく必要がある。

4　清朝正統論のうちそと

清朝は満洲族が建てた王朝であり、満洲風の弁髪等の服飾習慣を漢人にも強要したため、明一代を通じて外患がうち続く中で夷狄への敵愾心が高まっていた漢人にとって、その支配は受け入れがたいところがあった。これに対抗して清朝が打ち出し、その支配を翼賛する論者たちによって浸透させられていったのは、真の大一統の達成者としての自己正統化であり、また、康熙帝《こうきてい》等皇帝自身による朱子学尊崇をつうじて道統・治統の一致が今こそ再現されたとするロジックであった。

前者の議論の代表例は、第一章でも取り上げられた雍正帝《ようせいてい》『大義覚迷録《たいぎかくめいろく》』巻一の上諭での言明である。そこでは、満洲が中国にとって「外国」であり「夷狄」であったことは認めつつも、古今未曾有の版図を平定して「華夷中外の分」を超越する偉業を達成した以上、中国に入って「大統」を継承した者と言うべきであり、それはあたかも舜が東夷の人であり文王が西夷の人でありながら正統の聖君たり得たのと同様だと言われていた。

ここでは、道統・治統の合一を賛美する言説を引用しよう。康熙帝の信任篤かった李光地《りこうち》(一六四二—一七一八)が、康熙十九年(一六八〇)、命じられて近著を進呈したさいの序文である。

臣愚無知、窃謂皇上非漢・唐以下之学、唐・虞・三代之学也。臣窮海末儒、蔽於聡明之不足、局于聞見之孤陋、四十無聞、歿身為恥。今太陽之下、燭火益微、抱巻趦趄、隕越無地。然臣之学、則仰体皇上之学也。近不敢背于程・朱、遠不敢違于孔・孟、誦師説而守章句、佩服儒者、屏棄異端、則一巻之中、或可以見区区之志焉。臣又観道統之与治統、古者出於一、後世出於二。孟子序堯・舜以来、至於文王、率五百年而統一続、此道与治之出於一者也。自孔子後五百年、而至建武、建武五百年、而至貞観、貞観五百年、而至南渡。夫東漢風俗、一変至道。貞観治効、幾於成・康。然律以純王、不能無愧。孔子之生東遷、朱子之在南渡、天蓋付以斯道而時不逢。此道与治之出於二者也。自朱子而来、至我皇上、又五百歳、応王者之期、躬聖賢之学。天其殆将復啓堯・舜之運、而道与治之統復合乎。伏惟皇上承天之命、任斯道之統、以升于大猷。臣雖無知、或者猶得依附末光、而聞大道之要、臣不勝拳拳。

私めは愚かで無知ではございますが、今上陛下のご学問は漢・唐以降のものではなく、堯・舜・三代のものと愚考いたしております。私めは辺境の海辺のしがない儒者で、耳目の聡明さの不足に妨げられ、見聞の狭さ頑なさに制約されて、四十にもなって評判も立たないままに身を終えることを恥ずかしく思うばかりです。今、太陽のもとで、燭に点す火はますます微かであり、巻物を抱え持ったまま行き悩み、転がり落ちて身の置き場もございません。しかしながら、私めの学は、陛下のご学問に依拠し奉るものであります。近くは程子・朱子に背くことのないように、遠くは孔子・孟子から外れることのないように恐れはばかり、師説を暗誦し章句の切り方を守り、儒者の見解を身に付け、異端の教えを廃棄することについては、〔進呈のためにまとめた〕一巻の中に、取るに足らぬ者の志をあるいはご覧いただけることもございましょう。さらに私めの考察によれば、道統と治統とは、古は一つのところから出ておりましたが、後世は二本のものとなっております。孟子が堯・舜以来、文王に至るまでを順序立てたさい、おおむね五百年おきに統の連続が確保されておりました。これは、道と治との統が一つのところから出ていたのであります。孔子から後、五百年して建武〔後漢の光武帝の年号〕に至り、建武から五百年して貞観〔唐の太宗の年号〕に至り、貞観から五百年して宋の南渡に至りました。そもそも東漢の風俗は、一変すれば道に至るほどのものでしたし、貞観の治世の効果は、〔周の〕成王・康王の世にも迫るほどでありました。しかしながら、純粋な王者の基準で律すれば、恥じるところがないとは申せません。孔子が周の東遷した状況に生まれ、朱子が宋の南渡した時代に生きたのは、天が彼らに斯道を付託しながらもそれにふさわしい時に巡り会わさなかったのです。これが、道と治とが二本のものとなった状況です。朱子から後、今上陛下に至るまでがまた五百年であり、王者が登場する時期に応じ、聖賢の学を身に付けておられます。天は、堯・舜の世の気運を再び開いて、道と治との統を再び合一させようとなさっているものとしか思われません。拝察し奉りまするに、陛下は天の命を受けられた上に、斯道の統に任じられ、大いなるはかりごとを上聞なさいます。私めは無知ではございますが、それでも余光におすがりし、大道の要点を耳にする機会にめぐまれましたならば、私めとしましてはどんなに大切にしても足りないほどでございます。

（李光地「進読書筆録及論説序記雑文序」、『榕村全集《ようそんぜんしゅう》』巻十：『榕村全書』第八冊）

明代から清初に至る時期の道統・治統論の機能は、儒者たちに現実政治を超える権威と政治批判の根拠を与えるところにあった。清朝への抵抗を貫いた王夫之《おうふうし》（一六一九―一六九二）の『読通鑑論《どくつがんろん》』あたりまではそうした論調が生きている。ところが今や、清朝の皇帝は道統をも我が身に兼ね備えてしまった。儒者たちに可能な態度選択は、その偉業を翼賛することのみであった（黄二〇一〇：当該論文の初出は一九八七年）。

こうして清朝は、いわば古今無双の正統王朝を自任したわけだが、正統論というテーマに即してみると、清朝統治下ではむしろシニカルな議論が優勢を占めるように見受けられる。ここでは、乾隆朝を代表する文化事業『四庫全書』編纂に伴い目録解題として作られた『四《し》庫《こ》全書《ぜんしょ》総目提要《そうもくていよう》』に例を求めてみよう。陳寿『三国志』の提要の一節である。

其書以魏為正統、至習鑿歯作『漢晋春秋』、始立異議、自朱子以来、無不是鑿歯而非寿。然以理而論、寿之謬万万無辞、以勢而論、則鑿歯帝漢順而易、寿欲帝漢逆而難。蓋鑿歯時晋已南渡、其事有類乎蜀、為偏安者争正統、此孚於当代之論者也。寿則身為晋武之臣、而晋武承魏之統、偽魏是偽晋矣。其能行於当代哉。此猶宋太祖簒立近於魏、而北漢・南唐蹟近於蜀、故北宋諸儒、皆有所避、而不偽魏。高宗以後、偏安江左、近於蜀。而中原魏地全入於金、故南宋諸儒、乃紛紛起而帝蜀。此皆当論其世、未可以一格縄也。

その書物〔陳寿『三国志』〕は魏を正統としたが、習鑿歯が『漢晋春秋』を作った時に初めて異議が立てられ、朱子以来、誰もが鑿歯を正しいとして寿を誤りだとする。しかし、道理によって論じるならば寿の誤謬については重々弁解のしようがないが、情勢によって論じるならば、鑿歯が蜀漢を帝とするのは順当で容易なのに対し、寿が蜀漢を帝としようとしても抵抗が大きくて難しかった。というのは、鑿歯の時には晋はすでに南渡しており、事情は蜀と類似していて、局地化した政権のために正統を争うというのは、同時代の状況に対して真摯に向き合った議論であった。寿の場合は、自身が晋の武帝の臣下であり、晋の武帝は魏の統を受け継いだのだから、魏を偽とすることは晋を偽とすることを意味した。同時代的に通用可能な議論であろうか。それはちょうど、宋の太祖（趙匡胤《ちょうきょういん》）が簒奪で位に立ったのが魏に近く、北漢・南唐の行跡が蜀に近かったから、北宋の諸儒は誰もが遠慮して魏を偽とはしなかったのに、高宗以後は江南の局地政権となって蜀に近く、中原の魏の故地はすべて金の領土に入ってしまったために、南宋の諸儒は我も我もと蜀を帝とする議論を始めたのに似ている。こうしたことはすべて著者の時代状況を問題にすべきなのであって、一つの枠で律するわけにはいかない。

（『四庫全書総目提要』巻四十五・史部正史類一「三国志六十五巻」条）

正史類の提要の原稿はおおむね邵晋涵《しょうしんかん》（一七四三―一七九六）の手になるが、現在伝わる彼の提要稿には『三国志』は欠けている。『三国志』に限って担当しなかったとは考えにくいから、現在の提要は非常に大きく修正されているのかもしれない。総纂官・紀昀《きいん》（一七二四―一八〇五）も、あるいは修正に加わっただろうか。興味深いことには、章学誠《しょうがくせい》（一七三八―一八〇一）もこの提要とほとんど同様の認識を表明している（『文史通義《ぶんしつうぎ》』文徳）。この態度は、一面では柔軟な共感的理解の可能性を開くけれども、もう一方では、あらゆる言説を著者の状況という外的要素に還元してしまう危険をもはらんでいる。そして、清朝の最高峰の知識人たちにとっては、正統論というもの自体が状況次第で何とでも言われうるテーマとして見切られていた状況が、ここからは窺える。

6　近現代

最後に、近現代歴史学における正統論の命運を垣間見よう。

清末の変法運動の挫折後、亡命先の日本を拠点に啓蒙的論説を立て続けに発表した梁啓超《りょうけいちょう》（一八七三―一九二九）は、歴史研究においても「史界革命」を提唱した。正統論もまたその標的の一つであった。すなわち、歴史を王朝の私物とするものでしかなく、自ら「奴隷根性」に束縛され、さらにその状態を再生産するという悪循環を導くという（『新史学』論正統、『飲冰室文集』九所収）。ところが、梁啓超の議論は正統論を全面否定するものとはなっていない。君主ではなく国、一人ではなく衆人に対してであれば「統」は成立するのであり、そのようなものが中国数千年の歴史には存在しなかったことこそが問題なのである。そして、論中で梁啓超は、種族を基準にした「正」というものは「愛国の公理、民族の精神」として成立可能であるとも示唆している。いわば、梁啓超は国民国家の歴史としての正統については是認したのである。

現代中国の歴史学者・楊念群《ようねんぐん》は、正統論の影響範囲を、現代歴史学における方法論や問題意識にまで及ぶものとして論じている。

以上論じてきたとおり、中国の歴史観が「正統論」の影響を受けていることは二つの面に表れている。一つは、公羊学が社会の変遷を図式的に説明する中で形成された、預言から治に資することへの機能転換であり、そこからの縮図として、ヘーゲルの「絶対精神」にも似た自己完結的な循環論が出来上がった。その大がかりな図式の合理性は聖人の設計により決定されている。二つ目は、乾嘉学派の歴史復原術である。清初の顧炎武といった人たちの「通経致用（経に通じて実用に役立てる）」から考拠学派に至るまで、みな細密この上ない実証的学問によって経典の古義を追求した。両者は、壮大さと精細さの両極に位置しているとはいえ、その根本的意義はいずれも、歴史と価値判断との本質と起源を予め設定しておいて、かつそれに基づいて歴史発展の合理性と法則性とを探究することにある。今現在の中国史学研究の社会歴史に対する認識もまた、以上の伝統の影響を深く受けており、人の意志などでは変わることのない客観的法則を追求するという名目のもとで行われることがしばしばである。人々はとうの昔に、ある主観的に設計された枠組の内部に自分を無自覚なままに閉じ込めてしまっており、歴史の事実に対して前もって本質論的な規定を行っているのだ。さもなければ、人々はどうして最初から、いつでもあれほどまでに明晰に、昔から今に至る歴史にこうしたはっきりした方向性があったはずだと予測できるだろうか。（楊念群『中層理論』、四三頁）

中島隆博《なかじまたかひろ》は「「統」への欲望を断ち切ること。おそらくそれは、［…］他者に対するまったく新しい態度を構想し、文明の複数性を喜ぶことであろう」（中島 二〇一五、三二二頁）と述べた。現代中国における歴史学的思考が本質主義から脱するための血路も、やはり「正統論」の切断にこそ求められていることが確認できる。

底本

朱熹『孟子集注』、同『四書章句集注』、北京、中華書局、一九八三年
『呂氏春秋新校釈』（全二冊）、呂不韋著、陳奇猷校注、上海、上海古籍出版社、二〇〇二年
班固『漢書』（全十二冊）、北京、中華書局、一九六二年
房玄齢等『晋書』（全十冊）、北京、中華書局、一九七四年
『欧陽修詩文集校箋』（全三冊）、洪本健校箋、上海、上海古籍出版社、二〇〇九年
蘇軾『経進東坡文集事略』、郎曄編註、「四部叢刊初編」：章望之「明統論」佚文
蘇軾『蘇軾文集』（全六冊）、孔凡礼点校、北京、中華書局、一九九九年重印
司馬光『資治通鑑』（全十冊）、北京、中華書局、一九五六年
黎靖徳編『朱子語類』（全八冊）、王星賢点校、北京、中華書局、一九八六年
陶宗儀『南村輟耕録』、北京、中華書局、一九五九年：楊維楨「正統辨」
袁黄『鼎鍥趙田了凡袁先生編纂古本歴史大方綱鑑補』三十九巻首一巻、四庫禁燬書叢刊編纂委員会編『四庫禁燬書叢刊』史部第六十七・六十八冊、北京、北京出版社、二〇〇〇年：丘濬『世史正綱』の利用
李光地『榕村全書』（全十冊）、陳祖武点校、福州、福建人民出版社、二〇一三年

永瑢等『合印四庫全書総目提要及四庫未収書目禁燬書目』(全五冊)、王雲五主持、台北、台湾商務印書館、一九八五年増訂三版
楊念群『中層理論――東西方思想会通下的中国史研究』、南昌、江西教育出版社、二〇〇一年

参考文献

神田喜一郎「支那史学に現はれたる倫理思想」、『岩波講座 倫理学』第十冊、一九四一年
饒宗頤『中国史学上之正統論――中国史学観念探討之一』、香港、龍門書店、一九七七年:別版として、上海、上海遠東出版社、一九九六年。また、『国史上之正統論』と題して『饒宗頤二十世紀学術文集』第八冊、台北、新文豊出版社、二〇〇三年、所収。
顧頡剛(小倉芳彦他訳)『中国古代の学術と政治』、大修館書店、一九七八年:原書は『漢代学術史略』、一九三六年版
東英寿「欧陽脩の『居士集』編纂の意図」、『中国文学論集』第十七号、一九八八年
高津孝「按鑑考」、『鹿大史学』第三十九号、一九九一年
今鷹真「解説」、陳寿(今鷹真・井波律子訳)『正史 三国志1』、筑摩書房(ちくま学芸文庫)、一九九二年
内藤湖南『支那史学史』1・2、平凡社(東洋文庫)、一九九二年:初出は一九四九年。『内藤湖南全集』第十一巻、筑摩書房、一九六九年にも所収。
西順蔵「北宋その他の正統論」、同『西順蔵著作集』第一巻、内山書店、一九九五年:初出は一九五三年。西順蔵『中国思想論集』筑摩書房、一九六九年にも所収。
内山俊彦「魏晋の改制論と正統論」、中村璋八博士古稀記念論集編集委員会編『中村璋八博士古稀記念東洋学論集』、汲古書院、一九九六年
岸田知子「尹洙の正統論――欧陽修との関連を中心として」、高野山大学創立百十周年記念論文集編集委員会編『高野山大学創立百十周年記念 高野山大学論文集』、高野山大学、一九九六年
丸山眞男「闇斎学と闇斎学派」、同『丸山眞男集』第十一巻、岩波書店、一九九六年:初出は一九八〇年。

寺田隆信『物語　中国の歴史』、中央公論新社（中公新書）、一九九七年
小林春樹「三国時代の正統理論について」、『東洋研究』第一三九号、二〇〇一年
田中謙二「朱門弟子師事年攷」、同『田中謙二著作集』第三巻、汲古書院、二〇〇一年
中砂明徳『江南』、講談社（講談社選書メチエ）、二〇〇二年
林文孝「欧陽脩の正統論と歴史叙述」、『中国――社会と文化』第十八号、二〇〇三年
平勢隆郎『『春秋』と『左伝』――戦国の史書が語る「史実」、「正統」、国家領域観』、中央公論新社、二〇〇三年
古松崇志「脩端「辯遼宋金正統」をめぐって――元代における『遼史』『金史』『宋史』三史編纂の過程」、『東方学報（京都）』第七五冊、二〇〇三年
土田健次郎「朱子学の正統論・道統論と日本への展開」、吾妻重二主編『国際シンポジウム　東アジア世界と儒教』、東方書店、二〇〇五年
小南一郎『古代中国　天命と青銅器』、京都大学学術出版会（シリーズ諸文明の起源五）、二〇〇六年
齋木哲郎「欧陽脩『新五代史』の春秋学」、『鳴門教育大学研究紀要』第二一巻、二〇〇六年
土田健次郎「「治統」覚書――正統論・道統論との関係から」、『東洋の思想と宗教』第二三号、二〇〇六年
溝口雄三・池田知久・小島毅『中国思想史』、東京大学出版会、二〇〇七年
黄進興『優入聖域――権力、信仰与正当性』修訂版、北京、中華書局、二〇一〇年
『司馬光集』（全三冊）、李文沢・霞紹暉校点整理、成都、四川大学出版社、二〇一〇年
渡邉義浩『儒教と中国――「二千年の正統思想」の起源』、講談社（講談社選書メチエ）、二〇一〇年
中砂明徳『中国近世の福建人』、名古屋大学出版会、二〇一二年
田中靖彦『中國知識人の三國志像』、研文出版、二〇一五年
中島隆博「「統」への欲望を断ち切るために――中国史の書き方と読み方」、濱下武志・平勢隆郎『中国の歴史』、有斐閣（有斐閣アルマ）、二〇一五年

＊本章は、ＪＳＰＳ科研費（JP16K02160）の助成による研究成果の一部である。

第三章　勢について

本章の内容は、これまでの各章での叙述は勿論のこと、読者各位におかれては、やや意外の感を持たれるやも知れないが、取り分け、本シリーズの第一巻『コスモロギア――天・化・時』（中島隆博編、二〇一五年）において展開された議論とも、ある意味では、深く契合する関係にあるものである。

それは、まず、伝統中国における哲学・思想のある種の特徴として、変化や反復、循環、推移や変容などに関する思惟が、「天」や「道」といった、自然界の現象や運行とも、密接に結び付けられ、例え最終的には、いわば「天道」と「人道」、すなわち、「自然」と「人事」とを分節化し、辨別して考える場合であっても、暗黙裡には、前者を一定の基盤として、思考されている点に起因するところが大きい。分けても、「勢」という概念は、本質上、空間性と同時に、時間性をも、その身上としている。そうした意味からも、第一巻の中でも、第一章「天について」（中島隆博）のみならず、見方によっては、むしろそれ以上に、第二章「化について」（本間次彦）、第三章「時について」（林文孝）での論述とも、深い内的な関連性を持ち、そこでの議論も踏まえる部分が少なからずある。その意味でも、読者におかれては、必要に応じて、適宜、第一巻に就いて参看されることを切望するものである。

1　移ろいゆくもの──「勢」とは何か？

1　天（＝自然史／誌）から人事（＝歴史）へ──変化と反復、循環

この世界は、一定の秩序に従っており、変化こそが、宇宙や自然界から始まり、延いては、世界と人間存在にとっての根本的かつ普遍的な事実であるという認識は、伝統中国において、古来、多くの学派を超えた揺るぎない共通了解であったと言える。むしろ変化の直中にこそ、一種の恒常的な法則も見出されるが、それは多くの場合、反復や循環として、表象され、思念された。動と静、常と変、陰と陽、対待と合一、両（二）と一、一と多、消長や終始、聚散、漸驟など、幾つかのパターン化された対偶関係は、基本的には、それらを象徴的に表現したものに他ならない。「天道」と「人道」、「自然」と「人事」の別を超えて、いわば本質としての変化と流動性こそが、世界の真実在として、認識され、観念されたのである。

既に前述した、第一巻でも示唆されているように、また、そこでの議論に藉口するなら、そうし

た変容の兆しとともに、その結果、齎された、新たな様相や面貌が「化」であり、流動して極まりなく、移ろいゆくものこそが、「道」でもあった訳である。

繰り返しになるが、変化の原理とも言うべき、そうした経緯をいち早く概念化して、言説化したものが、『易《えき》』繋辞伝《けいじでん》である。

天尊地卑、乾坤定矣。卑高以陳、貴賤位矣。動靜有常、剛柔断矣。方以類聚、物以羣分、吉凶生矣。在天成象、在地成形、変化見矣。

天は尊く、地は卑〔低〕い。それに対応して、乾と坤が定まる。卑い〔低い〕ものから高いものまでが、列を成して、それに従って、貴賤の位置も定まる。動と静には、各々恒常性があり、それに準じて、剛と柔とが区別される。一定の方向に従って、同類が集まり、物事はその範疇に従って、辨別される。かくして、吉凶が生じる。天にあっては、天象が形成され、地においては、地形が形成される。かくして、変化が現れるに至る。（『易《えき》』繋辞上伝《けいじじょうでん》）

一闔一闢謂之変、往來不窮謂之通。

扉が閉じたり、開いたりする如く、収斂して陰になったり、外向して陽に化したりするのが、変である。陰陽が無限に往来して、窮まりない点から言えば、通である。

（『易』繫辞上伝）

易窮則変、変則通。通則久。

易とは、行き詰まれば、変化するものである。変化すれば、新たな道が通じる。道が通じれば、〔今度は行き詰まらずに〕久しく続く……。

（『易《えき》』繫辞下伝《けいじかでん》）

変化や変容を通じてこそ、行き詰まりを打開し、通達することが可能となる。変化こそが、新たなものを創造するが、同時に、永遠に止むことのない変化もまた、善かれ悪しかれ、厳然たる事実である。そして、宇宙や自然界の変化はまた、聖人を媒介として、人事の世界、人間界にも、そのまま引き継がれる。

是故形而上者、謂之道。形而下者、謂之器。化而裁之、謂之変。推而行之、謂之通。挙而錯之天下之民、謂之事業。

かくして、眼に見えない形而上なるものを道と表現し、それが形を取り、現象と化した形而下のものを器と名付ける。聖人は、〔陰陽の自然が齎す〕化に寄り添いながら、それを適切なところで、裁断する。それを変という。聖人が、そうした〔陰陽の〕変化を更に推し進めて、その働きを全うさせることが、通である。かくして、聖人が変通したものを〔具体的な〕卦や辞に表現して、挙げて天下の民の手許に置き、実用に供すること、これが聖人の事業である。（『易』繫辞上伝）

因みに、こうして生成変化する世界について、『易』繫辞上伝では、「一陰一陽之謂道」（陰となり、また、陽となることを道という）とパラフレーズして、表現していることは、余りにも有名であろう。

なお、この部分に関して、例えば、後に朱子学の集大成者である、南宋の朱熹《しゅき》（朱子《しゅし》）（一一三〇―一二〇〇）は、「陰陽」と「道」とを直ちに同一視せず、その理気論にもとづいて、形而上下を峻別して、「一陰一陽」は、「気」の働きであって、「道」ではなく、それを根拠づけている「道」こそが「理」に他ならないと考えたのに対して、かかる二元論に対峙し、それを批判した、明末清初期の王夫之《おうふうし》（一六一九―一六九二）や清代中葉の戴震《たいしん》（一七二四―一七七七）らが、むしろ生成変化し続ける「陰陽」の作用こそが「道」であると考えた、存在論上の対立や転回については、既述した第一巻の第二章「化について」（本間次彦）に詳しいので、そちらに譲ることとしたい。

さて、宇宙論的な規模で、時々刻々、変化して窮まりない世界、その流動性のダイナミズムを活写したのは、むしろ道家系の思想でもあった。

生者不能不生、化者不能不化。故常生常化。常生常化者、無時不生、無時不化。

一旦、生まれた者は、生じないということは出来ず、既に化した者は、最早、化せざることは不可能である。故に常に生じて、常に変化することになる。常に生まれて、常に変化する者は、時として、生じないということはなく、変化しない時もない。（『列子《れっし》』天瑞篇《てんずいへん》）

因みに、やはり道家系の思想の強い影響が示唆されるものの、従来は、道学の先蹤と目され、北宋五子の筆頭に数えられてきた、周敦頤（濂溪）（一〇一七―一〇七三）の『太極図説《たいきょくずせつ》』もまた、『易』繫辞上伝の「是故易有太極、是生両儀。両儀生四象、四象生八卦（かくして、易に太極があり、これが分かれて、陰陽の両儀が生じた。それらが互いに組み合わさって、四象が生じ、更に四象から八卦が生まれた）」という言葉にもとづいて、「二気交感、化生萬物。萬物生生、而変化無窮焉（陰陽の二気が交感して、万物が産み出された。万物が生成して、窮まりない変化が齎された）」と説明される一種の宇宙生成論を説いている。

こうした宇宙の生成や自然界の変化は、一面では、不可逆的なものにも映るが、同時にまた、多くの場合、基本的には、反復や循環を本質とし、身上としていたように考えられる。この点、前述の『太極図説』も然りであるが、既に『易』においても、「反復其道、七日来復、天行也。［…］復其見天地之心乎（その道を反復、往来すること（が、天の法則でもあり）、七日にして一陽来復すること（は、陰陽の消長の周期でもあって）、これこそが、天の道である。［…］従って、この復卦において、天地が万物を生生して止むことのない意志の顕現を見ることが出来るのだ）」（復卦）とか、「無往不復、天地際也（往きて復らざる者は無い。これは、天地が交わる原理にもとづく）」（泰卦）などと表現されている。

なお、現行本の『老子《ろうし》』においても、「大曰逝、逝曰遠、遠曰反（「大」とは、逝ってしまうことであり、「逝く」とは、遠ざかることであり、「遠ざかる」とは、「反ってくる」ことでもある）」（上・第二十五章）であるとか、「反者、道之動（反るとは、道の働きである）」（下・第四十章）、「将欲歙之、必固張之。将欲弱之、必固強之。将欲廃之、必固興之。将欲奪之、必固与之（これを収縮させようと思うならば、まずは、張り詰めておかなければならない。まさに弱めようと思うなら、まずは強めておく必要がある。衰えさせようと思うなら、まずは勢いよくさせておくことだ。これを奪おうと思うならば、まずは与えておく必要がある）」（上・第三十六章）などと定義されるところである。

反復や循環はまた、発展が極まるところ、究極に至れば、やがて衰退へと転じ、否定へと帰着することを意味しており、換言すれば、自然界の物事であれ、人事であれ、総じて、離合集散、盛衰や消長などとも、符節を合しているのである。

その後の『呂氏春秋《りょししゅんじゅう》』や『淮南子《えなんじ》』といった、道家系の書物においても、概ねこうした『易』や『老子』の考え方を敷衍して、自然や人事の隆替を描写している。

陰陽変化、一上一下、合而成章。渾渾沌沌、離則復合、合則復離、是謂天常。天地車輪、終則復始、極則復反、莫不咸當。

陰陽は変化して、一度は上り、或いは下り、合して、様々な条理や綾をかたちづくる。全く以て渾沌としていて、離れれば、すなわちまた合し、合すれば、また離れる。これが天の常なる法則と言うものである。天地の運行や循環は、終焉を迎えれば、また新たな始まりがあり、究極に至れば、また、反復するといった有り様で、皆、この様でない者は無い。

（『呂氏春秋』巻五・仲夏紀、大楽篇）

因みに、やはり前述したような、動と静、陰と陽、二と一の如き、一見、相対立する概念もまた、そうした反復や循環、離合集散の過程において、対偶や対待の関係と両者の交合や統一との両端を反転しつつ、行き来することになる。こうした消息については、明末清初期のやや特異な思想家でもある、方以智《ほういち》（一六一一―一六七一）が、仏教の天台《てんだい》や華厳《けごん》の所説、宋代の張載《ちょうさい》（一〇二〇―一〇七七）らの見解を踏まえて、簡明にパラフレーズしている。

曰有、曰無、両端是也。虚実也、動静也、陰陽也、形気也、道器也、昼夜也、幽明也、生死也、尽天地古今皆二也。両間無不交、則無不二而一者。

有と無というものが、両端である。虚実、陰陽、形と気、道と器、昼夜、幽明、生死、何れも天地古今を通じて、皆、二つのものである。そして、これらの両端は、交わらないものは無く、二にして一ならざるものは無い。（『東西均《とうざいきん》』三徴篇）

また、朱熹〔朱子〕は、「変」と「化」に関して、定義めいた言辞を吐露してもいる。それによれば、「変」とは、変容を遂げつつある、一種のプロセスと考えることが出来るのに対して、「化」とは、そうした変化の一応の成就や現成を意味するということになろうか。

又問：「『変化』二字、旧見《本義》云：『変者化之漸、化者変之成』、夜来聴得説此二字、乃謂『化是漸化、変是頓変』、似少不同。曰：「如此等字、自是難説。『変者化之漸、化者変之成』、固是如此」。銖

また〔先生に〕問うた。「「変化」という概念について、曾て『周易本義《しゅうえきほんぎ》』では、「変は徐々に化へと至る過程であり、化は変の成就である」とありましたけれども、夜来、この二つの概念について、「化とは徐々に化することであり、変は突然に変じることである」と仰いましたが、やや異同があるようにも思えますが……」。〔先生が〕仰られた。「この二つの概念は、

なかなか説明がし難いものだ。「変は徐々に化へと至る過程であり、化は変の成就である」という点は、全く至当なことだ。」（『朱子語類』巻七十一、易七）

何れにしても、こうした反復や循環、変転して窮まりない有り様は、自然界や自然史（誌）の様態から始まって、同時に、人間世界の事象や歴史までをも貫いている、際限のない、厳然たる基本的な法則である。そうしたいわば宇宙的な歴史とでも言うべきものを幻視した象徴的な事例が、やはり第一巻の第三章「時について」（林文孝）でも取り上げられた、北宋の邵雍《しょうよう》（一〇一一―一〇七七）の『皇極経世書《こうぎょくけいせいしょ》』に見える、いわゆる「元会運世」説に他ならない。そこでは、無限に生成しては、崩壊・消滅を繰り返す、いわば無限宇宙時間論とも言うべき、些か奇矯な構想が披瀝されるが、そこまで気宇壮大なものではなくても、かかる自然理解や世界観から、いわゆる「一治一乱」（『孟子《もうし》』滕文公《とうぶんこう》・下篇）と称されるような、循環的な歴史観が導き出さることは、見易い道理であろう。

また、中国的な思惟の特質として、ある意味では、本質的に不安定で、不定形の極みでもある、永劫回帰にも似た、こうした循環や流動性そのものを、必ずしも否定的、ないしは、悲観的に諦観して、眺望するのではなくして、同時にそれが、天が万物を生生して已まない働きそのものの反映として、むしろ恬淡として、積極的に肯定し、受け容れようとする姿勢もまた、見受けられる。やはり第一巻の第三章「時について」（林文孝）、並びに、第二章「化について」（本間次彦）においても、引証されるところではあるが、本節の締め括りとして、『論語《ろんご》』のいわゆる「川上の嘆」

と呼ばれる章と朱熹（朱子）によるその注釈、次いで、「道」の永久不変な働きを見事に描写した、戴震の文章を改めて引用しておきたい。

子在川上、曰、「逝者如斯夫。不舎昼夜」。

先生が河畔に佇んで仰られた。「過ぎ逝く者は、恰もこの川の流れのようであろうか。昼も夜も休むことがない。」

（『論語』巻五・子罕《しかん》第九）

天地之化、往者過、来者続、無一息之停、乃道体之本然也。然其可指而易見者、莫如川流。故於此発以示人、欲学者時時省察、而無毫髪之間断也。

天地があらゆるものを変化させる働きは、往く者が過ぎれば、来る者がそれに続き、僅かの間も止まることがない。これこそが、道そのものの姿の本来の有り様である。しかし、そのことを具体的に示して、最も分かり易い例としては、川の流れに勝るものは無い。そこで、ここでは、この言葉を発して、人びとに示し、学問をする者が、常に自省して、些かも中断することが無いようにと望んだのである。

（『論語集注《ろんごしっちゅう》』巻五・子罕）

道、猶行也。気化流行、生生不息、是故謂之道。易曰、一陰一陽之謂道。〔…〕一陰一陽、流行不已、夫是之為道而已。

道とは、行われるということである。気による造化の働きが、遍く行き渡って、万物を生み出し、生生変化して、已むことがない、これを道というのである。『易』（繫辞上伝）には、「一度は陰となり、また、陽となることを道という」と言われている。〔…〕陰となり、次いでまた、陽となって、流行して止むことが無い、だからこそ、道であるのだ。

（『孟子字義疏証《もうしじぎそしょう》』巻中・天道）

言うまでもなく、朱熹（朱子）の解釈は、古来、例えば、漢代の鄭玄《じょげん》（一二七—二〇〇）の注では、不遇な人生を詠嘆したものとされるなど、あらゆるものの消失や喪失に対する嘆きと考えられていたのに対して、『孟子』や自身に先行する北宋の道学者、程頤《ていい》（一〇三三—一一〇七）らの所説を承けて、学問を志す者への勉励として捉えるものである。他方、戴震の方はと言えば、前述したように、朱熹（朱子）の二元論的な解釈を斥けて、むしろ生成変化し続ける「陰陽」の働きそのものが「道」に他ならないと考えた、自身の立場を敷衍しつつ、力強くそれを表明している。しかるに、両者に見られる、已むことのない「道」や自然の運行への絶対的な信頼、極めて肯定的な意志など、世界への感覚や感受の仕方としては、当人たちの主観的な意図を超えて、存外、相似た感性さえ窺われるように思われる。

2　古代における「勢」——個人から集団へ、空間的な布置から歴史へ

自然界における万物の生成と流行、循環から、人間の歴史的世界の興亡や隆替まで、大枠では、ある種の反復や循環、交替によって、彩られ、運命づけられているとしても、より限定され、焦点化された時空間においては、一見、抗い難く、やはり不可逆的とも言うべき変化もまた、必ずや見出し得るであろう。かくして、伝統中国では、些か曖昧で不定形でもある、「勢」という概念が、殊の外、重要視されたのである。

本節では、主に古代の哲学・思想における「勢」の概念を概観しながら、それらが、まずは単なる君主個人の地位や権力、勢威などから派生しながら、やがて集団的・集合的な概念へと変貌しつつ、同時にまた、空間的な形勢や布置 dispositif の移動や変容に関する視点とともに、歴史的・時間的な趨勢の変化という、並立する二つの側面を有していたことを明らかにしたい。なお、「勢」という語彙それ自体は、既に『孟子』公孫丑《こうそんちゅう》上篇（「智慧有りと雖も、勢（勢ひ）に乗ずるに如かず」）や『荀子《じゅんし》』君道篇（「明主は其の人を得ることを急にして、闇主は其の勢を得ることに急なり」）などにも見えるが、ごく単純な意味合いの域を大きく出るものではない。

さて、「勢」という概念は、取り分け、先秦時代（春秋戦国時代）の法家や兵家などの思想潮流を

中心として、政治や戦略、軍事や兵法などにおいて想定される、君主の地位や権力、権威や勢威などから生じる、規定的で支配的な力を表象する際に、好んで用いられた。それは、多くの場合、現実に対して、ある種の必然性や強制力を伴い、不可抗力的な威力さえ、有しているものと観念されたが、人為によってある程度、統御し得るものとそれを超えた運命的なものの双方が含意されている。特に法家思想にあっては、時に「法術」と並んで「勢」が論じられるほか、後の黄老思想などにも繋がるポイントとして、論著によって、若干、バランスは異なるものの、総じて「法」「術」「勢」の三つの概念が、殊の外、重要視されたことは、言うまでもない。

まず、『韓非子《かんびし》』においては、ともに支配者としての地位や権力、権勢などを意味して、「勢重」という熟語も、しばしば用いられる。君主を魚に例えるか、臣下を魚に準えるかの相違はあるが、ほぼ同一の含意で、次のような言説がある。

勢重者、人君之淵也。君人者、失勢重於人臣之間、則不可復得也。簡公失之於田成、晋公失之於六卿、而邦亡身死。故曰、魚不可脱於深淵。

勢位と権力とは、君主を魚に例えるなら、恰も淵のようなものである。人に君たる者が、勢位や権力を臣下の中に失してしまったならば、最早、二度と取り戻すことは出来ない。斉の簡公《かんこう》は、これを田成《でんせい》に奪われてしまい、晋の君主は、六卿に剥奪されて、国を亡ぼし、死に至る結果を招いたのである。だからこそ、「魚は深淵を離れてはならない」と言われるのである。

（『韓非子』巻七・喩老篇・第二十一）

勢重者、人主之淵也、臣者勢重之魚也。魚失於淵、而不可復得也。人主失其勢重於臣、而不可復収也。古之人難正言、故託之於魚。

勢位や権力は、君主にとっては、淵のようなものであり、臣下は、その権力の掌中の魚の如きものである。もし魚が淵から飛び出してしまえば、もう二度と捕まえることは出来ない。君主がその権力を臣下に奪われてしまえば、やはり最早、取り戻すことは出来ないのである。昔の人は、直截な言辞を憚ったので、この点を魚に託して、表現したのである。

（『韓非子』巻九・内儲説下篇・六微第三十一）

従って、君主にとっては、それを掌中に握って、手放さないことが、何よりも重要であり、その移動や交替は、君主の地位のみならず、国の命運をも左右する結果を招きかねないものである。

所謂貴者、無法而擅行、操国柄而便私者也。所謂威者、擅権勢而軽重者也。此二者、不可不察也。夫馬之所以能任重引車致遠道者、以筋力也。萬乗之主、千乗之君所以制天下而征諸侯者、以其威勢也。威勢者、人主之筋力也。今大臣得威、左右擅勢、是人主失力。人主失力而能有国者、千無一人。

いわゆる高貴な者とは、法を無視して、恣意的に振る舞い、国の権力を掌握して、私的な利益を図る者のことである。いわゆる威力を持つ者とは、権勢を自在に操って、専横に取り仕切る者のことである。この両者については、よくよく考える必要がある。一体、馬が重荷を背負って、車を引き、遠い道を行くことが出来るのは、その筋力の御蔭である。万乗の大国の君や千乗の国の君が、天下を制圧して、諸侯を征服し得る所以は、その勢威にもとづくのである。勢威は、君主にとって、いわば筋力に当たるものである。しかるに、今、大臣が威力を手中にし、左右の者が権力を専断するなら、君主は力を失ってしまう。君主が最早、力を失って、しかもその国を維持し得る者は、千人に一人もあり得ないものだ。

（『韓非子』巻二十・人主篇・第五十二）

また、こうした「勢」は、一面では地位や権力に自動的に由来し、それに附随するものであると同時に、往々にして、天の時に相逢するか否かといった、偶然性の要素にも左右され得るもので、君主の徳性や人格、賢愚不肖などとは関係なく、それらを超越して、中立的に働くケースもあれば、当然にも関連する場合もあり得るなど、些か複雑な局面も呈している。但し、何れの場合にあっても、臣下や民心の掌握や帰趨が、一つの枢要な鍵となっている点は、見逃してはならない。

明君之所以立功成名者四。一曰天時、二曰人心、三曰技能、四曰勢位。非天時、雖十堯不能冬生一穂、逆人心雖賁育不能盡人力。故得天時則不務而自生、得人心則不趣而自勸、因技能則不急而自疾、得勢位則不進而名成。若水之流、若船之浮、守自然之道、行毋窮之令、故曰明主。

明君が功業を立てて、名声を遂げる所以が四つある。一つには、天の時であり、二つには、人心の掌握や帰趨であり、三つ目は、技能や才覚であり、四つ目が、権勢と地位である。もし天の時に遇わなければ、例え十人もの堯《ぎょう》が手掛けたとしても、冬には穀物の穂一本すら生やすことは出来ない。人心に背き、逆らったならば、例え孟賁《もうぶん》や夏育《かいく》のような勇者であっても、人びとに全力を盡くさせることは出来ない。従って、天の時に適えば、特段の努力なくしても、自から穂は生育するし、人心を掌握すれば、態々無理強いをせずとも、自然に人は働き、技能に頼れば、性急さを求めなくても、自然と事は運び、権勢や地位が得られれば、強いて押し進めなくても、名声は挙げられる。それらは、恰も水の流れのようでもあり、船が浮かぶかの如くでもある。かくして、自然の道を守って、窮まることのない命令を施行し得るので、その故に明君と称されるのである。

夫有材而無勢、雖賢不能制不肖。故立尺材於高山之上、則臨千仞之谿、材非長也、位高也。桀為天子、能制天下、非賢也、勢重也。堯為匹夫、不能正三家、非不肖、位卑也。千鈞得船則浮、錙銖失船則沈。非千鈞軽錙銖重也、有勢之與無勢也。故短之臨高也以位、不肖之制賢也以勢。人主者、天下一力以共載之、故安、衆同心以共立之、故尊。人臣守所長、盡所能、故忠。以尊主御忠臣、則長楽生而功名成。名実相持而成、形影相応而立、故臣主同欲而異使。

そもそも能力や才覚があっても、勢位がなければ、例え賢人であっても、愚者を制御することは出来ない。ところが、いま仮に一尺ほどの短い木でも、高山の上に立てたなら、千仞もの深い谷をも見下ろすことが出来るが、それは木が長いからではなく、その位置が高みにあるが故である。桀《けつ》のような暴虐な者でも、天子となれば、天下を制御することが出来るのは、賢いからではなくて、その権勢の重いがためである。堯の如き聖人でも、一介の庶民であれば、三軒の家をも治めることが叶わないのは、愚かだからではなく、その地位が低いためである。千鈞もの非常に重い品物でも、船に乗せれば、水に浮かぶが、錙銖ほどのごく軽いものでも、船が無くなれば、沈んでしまう。これは、千鈞が軽くて、錙銖が重いという訳ではなくて、勢という条件の有無の違いによるのである。だから、短いものでも、高みから見下ろすことが出来るのは、位置にもとづくのであり、愚者であっても、賢人を制御し得るのは、権勢によるのである。君主というものは、天下の人びとが、力を合わせて、ともにこれを上に戴くからこそ、安泰となるのであり、民衆が心を同じくして、ともにこれを守り立てるからこそ、尊いのである。臣下というものは、各々の長所が認められ、能力を発揮することが出来てこそ、忠誠を尽くすものである。尊厳な君主の立場から、忠誠な臣下を統御するならば、長く生きることを楽しんで、功名が遂げられるのである。名と実とは、お互いに支え合って成り立ち、形と影は、相互に反映し合って、成り立つものである。それと同様に、臣下と君主とは、欲望を共にしながら、職分を異にする存在である。

（『韓非子』巻八・功名篇・第二十八）

因みに、これとほぼ同様の話柄は、例えば、次のような慎子《しんし》（慎到《しんとう》）の言葉として、別の箇所にも、挙げられている。

故賢人而詘於不肖者、則権軽位卑也。不肖而能服於賢者、則権重位尊也。堯為匹夫不能治三人、而桀為天子能乱天下。吾以此知勢位之足恃、而賢智之不足慕也。

だから、賢人でありながら、愚か者に屈服するのは、権勢が軽く、地位が低いがためである。愚か者であっても、賢人を屈服させることが出来るのは、権勢が重く、地位が高いが故である。聖人の堯でさえ、もし庶民であったなら、三人の人をも治めることが出来なかったろうし、暴虐な桀王でさえ、天子であったればこそ、天下を乱したのである。私はこうしたことから、権勢や地位は恃みとすることが出来るが、賢才や智慧は、慕うに値しないことが分かったのである。

（『韓非子』巻十七・難勢篇・第四十）

しかるに、『韓非子』では、慎子（慎到）の言葉とされる、こうした考え方に対して、些か相異なった二つの方向から、反論や批判が提起されることになる。

夫勢者、非能必使賢者用已、而不肖者不用已也。賢者用之則天下治、不肖者用之則天下乱。人之情性、賢者寡而不肖者衆。而以威勢之利済乱世之不肖人、則是以勢乱天下者多矣、以勢治天下者寡矣。夫勢者、便治而利乱者也。〔…〕夫勢者、便治而利亂者也勢之於治乱、本未有位也。而語専言勢之足以治天下者、則其智之所至者浅矣。夫良馬固車、使臧獲御之則為人笑、王良御之而日取千里。車馬非異也、或至乎千里、或為人笑、則巧拙相去遠矣。今以国位為車、以勢為馬、以号令為轡、以刑罰為鞭筴、使堯舜御之則天下治、桀紂御之則天下乱、則賢不肖相去遠矣。

そもそも勢というものは、賢者にはこれを用いさせるが、愚者には用いさせないという訳にはいかない。賢者がこれを用いれば、天下は善く治まるが、愚者が用いるなら、天下は乱れる。人の生来の資質として、賢者は少なく、愚者は多いものだ。従って、威勢という利器で、世を乱す愚者を助けたならば、勢を用いて、天下を乱す者は多くなり、勢を用いて、天下を善く治める者は、少ないことになる。勢というものは、善く治めるのにも役に立ち、乱を来すことも利する代物なのである。[…] さて、勢は、治乱に対して、本来、定まった立場にあるものではない。しかるに、慎子（慎到）の言葉には、恰もただ勢さえあれば、天下を善く治めることが出来るかのように言っているのは、まさしく浅慮と言うべきであろう。一体、駿馬や堅牢な車であっても、奴隷を御者に仕立てたのであれば、世間の笑い者となろうが、王良《おうりょう》の如き名だたる御者であれば、一日に千里の遠くまでも趨くであろう。車馬に変わりがある訳ではないのに、あるいは、千里に至り、一方は、お笑い種となるのは、技倆の巧拙に余りにも隔たりがあるからである。いま、国の君位を車と仮定して、権勢を馬とし、政令を手綱として、刑罰を鞭としたならば、もし堯や舜《しゅん》を御者にすれば、天下は能く治まるであろうが、仮に桀や紂《ちゅう》を御者に仕立てたならば、天下は乱れるであろう。これは、両者の賢愚に余りにも大きな隔たりがあるからである。

夫勢者、名一而変無数者也。勢必於自然、則無為言於勢矣。吾所為言勢者、言人之所設也。今曰、堯舜得勢而治、桀紂得勢而乱。吾非以堯桀為不然也。雖然、非人之所得設也。夫堯舜生而在上位、雖有十桀紂不能乱者、則勢治也。桀紂亦生而在上位、雖有十堯舜而亦不能治者、則勢乱也。故曰、勢治者、則不可乱、而勢乱者、則不可治也。此自然之勢也、非人之所得設也。

一体、勢というものは、名は一つでも、その意味するところは、様々である。勢を強いて自然に限定するのであれば、態々勢について論及するまでもない。私が勢について論じようとしている点は、人為によって作り出された部分なのである。今、客人は、「堯や舜が勢を得たことで、天下が善く治まり、桀や紂が勢を得たことで、天下が乱れた。」と言っている。私は、この堯や桀の話柄が、間違いだと言っている訳ではない。しかるに、この場合の勢とは、人が作り出したものではないのである。そもそも堯や舜が生まれながら、上位に就くように決まっていたならば、桀や紂が十人も出てきたところで、乱すことが出来ないのは、勢として、善く治まるべく定まっていたからである。逆にもし桀や紂が生来、上位にあったならば、堯や舜が十人も出てきたとしても、やはり善く治めることは出来ないのは、勢として、乱れるべく定まっていたが故である。かくして、勢として、善く治まる時には、乱すことは出来ず、勢として、乱れるようになっている時には、善く治めることは出来ない、と言われている。しかしながら、これは、自然の勢であって、人間が作り出したものではないのである。

（『韓非子』巻十七・難勢篇・第四十）

前者では、やはり当然にも、為政者の賢愚が、治乱に対して、枢要な働きを果たすことを言挙げする一方で、翻って後者では、そうした範疇とも表裏一体の、人為を超えた自然的な「勢」の支配力をも示唆しているように思われる。なお、「自然之勢」という場合には、「自然」それ自体の展開を想定することから、『老子』の思想などの影響も推定されるほか、地位に伴う、個人的な勢位や権勢よりも、必然的で強制的な力を前提にするニュアンスが強く、むしろ「時勢」の概念に近いように思われる。因みに、「自然之勢」という語彙は、後の『淮南子』巻十九・脩務篇などにも見える。何れにしても、『韓非子』が説く「勢」には、人為によって、相応の操作が可能な領域とともに、いわば自然の趨勢とでも言うべき、それを超越した、不可避的で、運命的でもある側面とが、二つながら並立し、共存しているように見受けられる。

その他、『管子《かんし》』においても、君主の権威の確立と信賞必罰の必要性が、権勢の有無や移動との関連で説かれている。すなわち、次のように述べられる所以である。

凡人君之所以為君者勢也。故人君失勢、則臣制之矣。勢在下、則君制於臣矣。勢在上、則臣制於君矣。故君臣之易位、勢在下也。在臣期年、臣雖不忠、君不能奪也。在子期年、子雖不孝、父不能服也。

全て君主が君主たり得ているのは、その権勢によるのである。それ故、君主が権勢を失えば、臣下が君主を制することになる。権勢が下にあれば、君主は臣下に支配される。権勢が上にあれば、臣下は君主に統御される。つまり、君主と臣下の地位が入れ替わるのは、権勢が下に移ったがためである。権勢が一年間、臣下に掌握されていれば、その臣下が不忠者であっても、君主は彼を追放することは出来ない。権勢が一年間、子の掌中にあれば、その子が不孝者でああっても、父親はその子を服従させることが出来ない。

（『管子』巻第六・法法第十六（外言七））

以上、主に法家系の著述の場合には、「勢」の概念は、君主個人の権威や権勢などの謂で多用されるのに対して、軍事上の戦略に連動して、むしろ集団的・集合的な含意も伴って用いられるのは、言うまでもなく、多くは兵家系の論著の好むところである。また、そこでは、時にいわゆる「詭道」や「権道」などとも結び付けられて、千変万化する想定外の事態に対応して、常に状況を有利に導くべく、むしろ人為的な叡智や戦略を通じて、不断に臨機応変の措置を取ることが、積極的に強調されるに至っている。また、それと同時に、時間的な推移のみならず、空間的な位置や配置の如何、そして、布置 dispositif の移動や形勢の変化が常に念頭に置かれている点にも注目される。こうした点に関しては、『孫子《そんし》』『呉子《ごし》』といった兵家の著作のみならず、基本的に縦横家の議論を集積したものとされる『戦国策《せんごくさく》』などにおいても、ほぼ同様の傾向や特徴が窺える。例えば、『孫子』

では、次のように論じられるところである。

計利以聴、乃為之勢、以佐其外、勢者因利而制権也。

もし私の方策が採用されたなら、更には勢を用いて、想定外の事態に対する備えとなそう。勢とは、有利な状況に従って、臨機応変の処置を行うということである。

（『孫子』計篇・第一）

故善戦者、求之於勢、不責於人。故能択人而任勢。任勢者、其戦人也、如転木石。木石之性、安則静、危則動、方則止、円則行。故善戦人之勢、如転円石於千仞之山者、勢也。

従って、戦いの上手な者は、勢いを利用することに努めて、個人の力量には、余り期待をかけない。そこで、然るべき人を選んだ後は、勢いに任せる。勢いに任せれば、人を闘わせる場合にも、恰も木石を転がすような按配である。木や石の性質としては、安定していれば静であり、不安定であれば動き、四角ければ静止するが、円ければ転がる。だから、人を上手く闘わせる勢とは、丸い石を千仞の山から転がすような按配で、これこそが勢というものなのである。

（勢篇・第五）

遠形者、勢均難以挑戦、戦而不利。

遠い地形の場合には、勢いが匹敵していたとしても〔その場に辿り着くまでに消耗してしまうため〕、戦闘を仕掛けることは著しく困難であり、闘っても不利である。（『孫子』地形篇・第十）

次いで、先秦時代の諸子の思想を綜合した『呂氏春秋』『淮南子』などにおいても、法家思想とともに、黄老思想を中心とした道家思想なども交えつつ、「勢」の概念は、それなりの深化や展開を遂げるようになる。まず、『呂氏春秋』では、慎勢篇などにおいて、権力や勢力、趨勢などを意味して、「勢」という概念が用いられ、それを掌中に得て、上手く用いた者こそが、王者たり得ることを説いているが、その基調は、『韓非子』のほか、概ね慎到系の法家思想などを継ぐものである。また、そこでの「勢」は、大小や軽重、本末、多少、治乱といった、明確な差異に由来し、そうした差異や区別を明らかにした上で、巧みに操作し、利用することが勧奨される。他方、『淮南子』では、「兵有三勢、有二権。有気勢、有地勢、有因勢」（軍備には、三つの勢いと二つの謀りごとがある。三つの勢とは、気の勢い、地の勢い、因る勢いである）（巻第十五・兵略篇）などと述べられて、双方の心理的な要素やその他の各種の状況に由来する要因を巧みに用いた策謀や地形を利用した策略などが、積極的に推奨されている（――因みに、後段において、二つの謀りごととは、知を用いた策謀と実践上の具体的な事柄を用いた策略とされている)。

兵有三勢、有二権。有気勢、有地勢、有因勢。将充勇而軽敵、卒果敢而楽戦、三軍之衆、百萬之師、志厲青雲、気如飄風、声如雷霆、誠積逾而威加敵人、此謂之気勢。硤路津関、大山名塞、龍蛇蟠、卻笠居、羊腸道、発笱門、一人守隘、而千人弗敢過也、此謂地勢。因其労倦怠乱、饑渇凍暍、推其擠擠、擠其揭揭、此謂因勢。

軍備には、三つの勢いと二つの謀りごととがある。三つの勢とは、気の勢い、地の勢い、因る勢いである。将軍は、勇気に満ちて、敵を過大視せず、兵卒は果敢で、戦いを楽しみ、三軍の兵隊、百万の軍団も、志気は青雲を凌ぎ、気概は飄風の如く、鬨の声は雷霆にも似て、誠の心は積もって溢れ出し、威力を敵軍に加える。これを気の勢いと言う。山間の狭隘な道や渡し場や関所、大山や名だたる砦、龍や蛇がとぐろを巻く難所、笠を伏せたような山々、羊の腸のように湾曲した道、魚を捕らえる梁にも似た門などが具わっていれば、一人で要衝を守ったとしても、千人が攻めて来ても、通ることは出来ない。これを地の勢いと言う。敵の疲労や混乱、食糧不足や寒暑などの弱みにつけ込み、倒れ掛けている相手を押し倒し、不安定に揺らいでいる部分を突き落とす。これを因る勢いと言う。(『淮南子』巻第十五・兵略篇)

総じて、法家思想などで、好んで用いられる「勢」の概念のうち、一方で、君主の地位や権勢などから、必然的に派生する如く思念されたものは、恰もマキャベリが『君主論』で言挙げした君主の「ヴィルトゥ virtu（技倆や力量）」を彷彿とさせ、他方、君主の場合であれ、それを統御すべき対象として思量された、むしろ超越的で中立的に作用する、抵抗し難い趨勢の方は、一面で「フォルトゥナ fortuna（運や運命）」として表象された力を想起させるようにも思われる。

また、中国の伝統思想における「勢」の概念を縦横自在に解明してみせた、近年の労作として、フランソワ・ジュリアン（François Jullien）の『勢——中国における効力の歴史』（Jullien, 1992）が挙げられるが、独自の哲学的・比較思想的な考察としても注目され、逸することが出来ない。読者各位におかれても、本節との関連でも、是非とも、参照されたい。同書の中で、「あらゆる状況とは同時に事態の推移である」と考える著者が、「〈勢〉の内部に一貫して働く論理」を明らかにすべく、「領域を横断」して「形状の中に働く潜勢力」、「機能的な両極性」、「交替しながら進展する趨勢」など、徹底して動態的なダイナミズム、常に迂回し、推移するプロセスとして、この「潜勢力」を捉えるべきことを強調しているのは、特筆に値しよう。その意味では、『自然学』をはじめとするアリストテレスの哲学において、可能態・潜勢態を意味するデュナミス（dynamis / dunamis）との一定の共通性も指摘し得るように思われる。

因みに、ジュリアンは、特に本書の第一部において、主として法家や兵家の著作群を読み解きながら、「配置と地位が兵法や政治においてもつ規定的な働きを考察」して、兵法において、「潜勢力は配置から生まれる」こと、政治においては、「地位が決定的な要素」であり、「効力は人格とは関係」せず、「政治の地位は力関係として働く」ことを指摘するとともに、「権力装置の自動性」、「操作の論理」と「技術」、「戦略的布置」や「政治的装置」などについて、詳述している。

更に注目すべきは、ジュリアンに従えば、一般的・通俗的な通念とはまさに対蹠的に、ある意味では、むしろ西洋哲学の方が、静態的な性格を具えているとさえ考えられる。すなわち、彼によれば、「静と動という二項による思考は、抽象的ではあるが現実を表象する有効な方法である。しかし西洋の論理はこの二項の間にあって実際に存在し働いているものを捉える術を持たなかった」という。また、「西洋の事物の表象は、よくできたいくつかの反対命題に立脚し、それに頼っているが、この両義性はそれを知らぬまにかき乱す」とも評される。剰え「中国文明が与えるかも知れない「停滞性」という印象は、中国文明が実に力強く変遷してきた以上、幻想にすぎない」のではないかとの疑義さえ呈して、そこに本質的な「変化」の徴表すら示唆するに至っている。そうした意味では、同書は、中国的な「伝統」をどのように考え、評価するかという観点からも、興趣の尽きない著作であり、問題提起でもあると言えよう。

3　藝術における「勢」——文章・絵画・書における転調と変貌

さて、伝統中国における「勢」の概念は、必ずしも政治や軍事といった、いわば国家や個人の存亡や興廃に関わる領域や場面にのみ限られるものではない。むしろそれとは対蹠的な藝術の分野においても、そのダイナミズムに加えて、連続性や流動性、あるいは、その直中での転調や変貌を表象する際には、きわめて重要かつ有効な概念装置となり得るのである。

なお、こうした問題に関しても、前出のフランソワ・ジュリアン（François Jullien）『勢――中国における効力の歴史』（邦訳名『勢　効力の歴史――中国文化横断』）にも詳しいほか、本書のテーマである歴史上の治乱興亡とは、やや乖離した局面でもあり、また、特に本シリーズの第五巻『あらわれのアルス――詩・書・画』（仮題、齋藤希史編、近刊）において、詳論される予定でもあるため、取り敢えず本節では、ごく代表的な事例に関してのみ、瞥見しておくに止めることとしたい。

まず、中国の文学史上、最初の最も体系的・総合的な文学理論書である、南朝・梁の劉勰《りゅうきょう》（四六六？―五二〇？）の『文心雕龍《ぶんしんちょうりゅう》』では、一篇（巻六・定勢・第三十）の全体を「勢」の分析・考察に当てているが、そこでは、文章の様式やスタイルに応じて、自ずから定まった「勢い」なり、姿勢や調子というものが存在すると説いている。

夫情致異区、文変殊術。莫不因情立体、即体成勢也。勢者、乗利而為制也。如機発矢直、澗曲湍回、自然之趣也。円者規体、其勢也自転、方者矩形、其勢也自安。文章体勢、如斯而已。是以模経為式者、自入典雅之懿、效騒命篇者、必帰艶逸之華。綜意浅切者、類乏醞藉、断辞辨約者、率乖繁縟。譬激水不漪、槁木無陰、自然之勢也。［…］是以括囊雑体、功在銓別。宮商朱紫、随勢各配。章表奏議、則準的乎典雅、賦頌歌詩、則羽儀乎清麗、符檄書移、則楷式於明断、史論序注、則師範於核要、箴銘碑誄、則体制於宏深、連珠七辞、則従事於巧艶。此循体而成勢、随変而立功者也。雖復契会相参、節文互雑、譬五色之錦、各以本采為地矣。

凡そ人の性情は、各々異なり、それに応じて、様々な方法で文章に描出される。そうした心情に応じて、文体や様式が選ばれ、それに従って、文章の姿勢（調子）も定まるに至る。「勢」とは、物事の利便に乗じて、定まるものである。例えば、弓を放てば、矢が真っ直ぐに飛び、谷間が屈曲していれば、早瀬も迂回するようなもので、これが自然の趨勢である。天は円形なので、自ずと回転する勢いがあり、地は方形であるから、自然と安定する勢いを持つ。文章の様式と姿勢もこれと同断である。従って、経書を典範とした作品は、自然と典雅な美しさを纏い、『楚辞《そじ》』を模倣した作品は、必ず艶麗な華やかさを帯びる。総じて、情趣が卑俗なものは、概して含蓄にも乏しく、措辞が簡潔なものは、概ね華麗さには背反するものである。例えば、激流には小波は立たず、枯れ木に木蔭が生じないようなもので、これは全て自然の趨勢と言うべきものである。［…］かくして、多くの文学上の様式や文体を使いこなすには、各々の様式に従った姿勢や調子を慎重に辨別することが肝要である。また、文章の韻律や文飾に関しては、各々の様式が採るべき姿勢（調子）に随って、意を用いるべきである。章・表・奏・議といった公式の文書では、典雅な様式を旨とし、賦・頌・歌・詩については、清新で華麗な調子を模範とし、符・檄・書・移などの通信文に関しては、明快さを基本とし、史・論・序・注などにおいては、精確さと要点を得ることを典範とし、箴・銘・碑・誄などの儀礼的な文章にあっては、宏さと深さをその根本とし、連珠・七辞などの諷刺的な文章では、気の利いた艶麗さを求める。すなわち、各々の文章の様式に従って、姿勢を定め、その変化に乗じて、効果を齎すのである。但し、様々な意匠を取り混ぜて、文采を綯い合わせるとしても、それは五色の錦を織るのと同様に、各々の様式の本来の調子を基調の色とすべきなのである。(劉勰『文心雕龍』巻六・定勢・第三十)

ここでは、文章の「勢い」、すなわち、姿勢や調子には、必ずしも一定の型がある訳ではなく、各々の様式やスタイルの宜しきに呼応して定まることが説かれると同時に、徒に目先の変化や奇抜な技巧を求めるのではなく、その本来あるべき姿勢を基調として、それを失ってはならないことも示唆されている。

同じく『文心雕龍』では、文章の骨格や生気、生命力が重視され(巻六・風骨・第二十八)、また、本章の冒頭近くでも述べたような、『易』の原理や諸観念を引証しながら、伝統の継承を踏まえた変革が説かれる。

夫設文之体有常、変文之数無方。何以明其然耶。凡詩賦書記、名理相因、此有常之体也。文辞気力、通変則久、此無方之数也。名理有常、体必資於故実。通変無方、数必酌於新声。故能騁無窮之路、飲不竭之源。

文章の様式には、一定の規範があるが、文章の展開や変化に関しては、定まった規則はない。これは一体、如何なることを意味しているのか。凡そ詩・賦・書・記といった様式には、それぞれ固有の概念とそれに応じた内容とが対応しており、これが文学の様式が一定しているという所以である。しかるに、文章の表現方法や風格に関しては、伝統を踏まえて変革してこそ、永い評価にも堪え得る訳で、これが文章の展開や変化には、定則がないという所以である。文章の諸形体における概念と内容の相関には、定則があるので、過去の先例に則るべきである。しかるに、文章の変化に一定の規則はないから、必ず作家の独創に俟たなくてはならない。こうした道理を心得てこそ、文学という無窮の道を馳せ、汲めども竭きることなき泉に飲むことが出来るのである。

文律運周、日新其業。変則可久、通則不乏。趨時必果、乗機無怯。望今制奇、参古定法。

文章の法則は、循環・反覆して已まず、文業は日々に新たである。よく変革すれば、久しく伝わり、よく継承すれば、豊饒なものになろう。時に処しては果断に、機に臨んでは怯ること無かれ。現在を見渡して、新鮮な奇功を用い、古来の伝統を斟酌して、文章の法式を確立すべきである。

（『文心雕龍』巻六・通変・第二十九）

さて、詩・書・画の三絶などとも称される伝統中国の藝術の分野にあって、文学の分野での文章論なり、詩論のみならず、画論や書論においても、相応の共通性が存在し、そうしたジャンルにおいても、同様に、躍動するダイナミズムが殊の外、重要視されるであろうことは、むしろ見易い道理であろう。

画史の嚆矢とも評される、唐の張彦遠《ちょうげんえん》（八二一？—八七四？）の『歴代名画記《れきだいめいがき》』では、南朝・斉の画人、謝赫《しゃくかく》（生没年不詳）の『古画品録《こがひんろく》』などに見える、いわゆる「画の六法」を紹介する件が、夙に有名であり、その後の画論に対しても、決定的な影響を刻印している。因みに、謝赫のこうした考えは、更に遡っては、東晋の画人・顧愷之《こがいし》（三四四？—四〇五？）の画論を発展させたものとされている。

昔謝赫云、画有六法。一曰、気韻生動。二曰、骨法用筆。三曰、応物象形。四曰、随類賦彩。五曰、経営位置。六曰、伝模移写。自古画人罕能兼之。

昔、謝赫は次のように述べている。絵画には六つの画法が存在する。第一には、気韻生動、すなわち、躍動する生命のリズムの如きもの。第二に、骨法用筆、すなわち、力強い骨組みを有する筆遣い。第三は、物に応じて、形に象どること、いわば対象に応じて、その形に似せる、すなわち優れた写実。第四には、類に従い、彩りを賦すること、すなわち、対象の種類に従った適切な色彩。第五に、経営位置、すなわち、画面の構成や構図。第六には、古人の画の忠実な模写である。古よりこれら六つを兼ね備えた画家は、きわめて稀である。

（張彦遠『歴代名画記』巻第一・論画六法）

更に、張彦遠は、謝赫を継いで、こうした「六法」のうちでも、就中、些か不定形でもある「気韻生動」こそが、最も重要であり、絵画の生命とも言うべきものであることを論じている。

翻って、書論の場合においては、例えば、『晋書《しんじょ》』巻三十六・衛恒《えいこう》伝にその全文が引かれる、西晋の人・衛恒（二五二―二九二）の『四体書勢《したいしょせい》』には、「字勢」「篆勢」「隷勢」「草書勢」という四篇の韻文が収載され、古文・篆書・隷書・草書の四つの書体の生成の起源や由来、書法などが説かれるが、ここでの「勢」とは、むしろ書体が生動する際の「形勢」のような意味合いと考えられている。しかるに、後世には、専ら「筆勢」やその有無を意味して用いられるように変化したとされる（中田一九八四、成田二〇一六、参照）。

また、書家の石川九楊《いしかわきゅうよう》によれば、元来、音韻の体系と同時に、書き言葉としての「表意」性を有していた漢字の場合、比較的早くから、垂直線と水平線、対称や均衡の美学といった、形状における美的な要素の入り込む余地が存在していたが、やがて記述された文字の「意味内容」はおろか、いわば書かれた「痕跡」のみが飛翔し、躍動する身体的な律動、接触と摩擦が生んだ「筆蝕の美」としての「書体（スタイル）」が確立されるに至るという。そして、書自体に内在する論理にも従いつつ、明末清初期に入ると、「筆蝕」こそが「構成」であり、書はスタイルの芸術であるという共通認識が確立して、無限の自由を獲得する一方で、遂には、書法の自己解体とも言える、書の「絵画」化にさえ帰着する、遠大な通史が眺望される（石川 一九九六、同二〇一二、参照）。ここに至れば、「書」の歴史とは、取りも直さず「筆蝕」に刻まれた中華文明の「痕跡」の歴史であり、すぐれて身体化され、具象化された、精神史の表象、顕現でもあると言えよう。

2　歴史と「勢」——治乱、気数と事勢（時勢）、理勢の相剋

1　歴史意識の諸相——治乱、気数と事勢（時勢）

前節では、主として古代における「勢」の概念の諸相を概観することを試みた訳であるが、それ

が、統治者の権力や勢威に関わる事例であれ、空間的な布置や形勢、ないしは、ある種、必然的とも言える、歴史的・時間的な趨勢を意味する場合であれ、総じて「勢」は、人為的に統御すべき対象であると同時に、それを超越した運命的、不可抗力的な含意とも相俟って、観念されていたことは、間違いのないところであろう。

それは、統治すべき空間における治政の状況、ないしは、形勢の是非や良否なり、その変容、あるいはまた、歴史的な変遷の直中での人為を超越した運命の帰趨などを容易に連想させるとともに、そうした事態に関わる思索とも連動することは、見易い道理であろう。そして、古来、統治の状態の是非に加えて、その歴史的な変遷を念頭に置いた表現として、まさに本書の表題でもある「治乱」、ないしは、前述した「一治一乱」といった語彙が挙げられ、それは同時に、一面で伝統中国の特徴的な思惟の一つとも言うべき、いわば循環的な歴史観とも結び付き、それを端的に表象する概念ともなっている。

以下、ある意味では、対蹠的な見解も含む、『孟子』と『荀子』の事例を瞥見してみたい。

予豈好辯哉。予不得已也。天下之生久矣、一治一乱。当堯之時、水逆行、氾濫於中国。蛇龍居之、民無所定。下者為巣、上者為営窟。書曰、洚水警余。洚水者、洪水也。使禹治之。禹掘地而注之海、駆蛇龍而放之菹。水由地中行。江、淮、河、漢是也。険阻既遠、鳥獣之害人者消。然後人得平土而居之。

〔孟子が答えるには〕「私は決して議論好きな訳ではない。已むを得ず、弁論を展開しているに過ぎないのだ。一体、天下に人間が生じてからこの方、随分と久しい歳月が経過しているが、その間、ある時には上手く治まったり、あるいは、乱れたりすることが繰り返されている。例えば、堯の治世には、大洪水によって、水路が塞がって、水が逆行し、中国の全体にそれが拡がって、氾濫した。そのため、蛇や龍の類が跋扈して、人びとは定住することさえ困難になった。低地に住む者は、木の上に鳥のような巣を作って住み、高台に住む者は、岸壁に洞穴を掘って、そこに住むという有り様であった。『書経《しょきょう》』（大禹謨篇《だいうぼへん》）に、その時に際しての堯帝の言葉として、「洚水、余を警む〔天が洚水を降して、私を誡め、警告を与えた〕」とあるが、ここでの洚水とは、洪水の謂である。そこで、堯は禹《う》に命じて、洪水を治めさせた。禹は土地を掘って、氾濫した水を海に流し込み、蛇や龍を駆って、草深い沢地に追い払った。かくして、水は掘り割りされた地中を上手く流れるようになって、洪水の害は除かれた。今の長江・淮水・黄河・漢水などの流れがそれである。こうして、洪水の危険も最早、すっかり遠ざかり、人を害する鳥獣も消滅した。そこで、漸く人びとは、平地に安住することが出来るようになったのである」。

堯舜既没、聖人之道衰。暴君代作、壊宮室以為汙池、民無所安息。

「堯・舜が没してしまうと、やがて聖人の道も衰えた。暴君が次々と出現して、人びとの住居まで破壊して、沼や池を作ったので、人びとは安息する場さえ失ってしまった」。

世衰道微、邪説暴行有作。臣弑其君者有之、子弑其父者有之。孔子懼作春秋。春秋天子之事也。是故孔子曰、知我者、其惟春秋乎。罪我者、其惟春秋乎。

「その後、〔理想的な統治を敷いた周王朝も末期に至ると〕世の中も衰えて、先王の道も衰微して、行われ難くなった。そして、邪な議論や乱暴な行為が、またもや生じてきた。すなわち、臣下でありながら、その君主を弑する者もあれば、子でありながら、その父を殺す者さえ現れた。孔子《こうし》は、そうした世の有り様を深く憂慮して、『春秋《しゅんじゅう》』という書物を著した。『春秋』は、こうした乱臣や賊子のような悪人には筆誅を加え、善人を賞揚するなど、大義名分を明らかにすることが意図されているが、それは元来、天子のなすべき事柄である。孔子はただ、文筆を通じて、それを行った訳であるが、それ故にこそ、「世人に私の本当の志を知り得る者があるとすれば、それはただこの『春秋』を通じてよりほか有り得ないし、天子でもない私を越権であるとして謗り、非難するのも、この『春秋』によってであろう」と述懐されたのである」。

（『孟子』滕文公・下篇）

まず、『孟子』滕文公・下篇の引用からは、自然災害や天変地異が、場合によっては、堯のような聖天子の治世でも起こり得ることを示して、それが一面で、人為を超えた運命的な必然でもあることを示唆するが、それと同時に、究極的には、それを善く治めるのもまた、君主の責務であることを説いていると見ることが出来る。

しかるに、「一治一乱」という歴史的な推移や変遷の存在それ自体に加えて、治世の是非・善悪、王朝の隆替といった現象の生じる所以については、ある意味では不問に付されており、そこには、為政者の所為の結果と見る視点ともに、一種の歴史的な不可知論もまた、忍び込んでいるように思われる。

他方、『荀子』天論篇の論理は、よく知られるように、天人の分離を宣告して、天行と人事との間には、些かの関係もないこと、天下の治乱や吉凶禍福は、天や自然によるものではなく、人間の所為にもとづくことを説いて、人君の自覚や責任を弥が上にも強調するものである。

天行有常。不為堯存、不為桀亡。応之以治則吉、応之以乱則凶。彊本而節用、則天不能貧、養備而動時、則天不能病。脩道而不貳、天不能禍。故水旱不能使之飢渇、寒暑不能使之疾、祆怪不能使之凶。

天道の運行には、一定不変の原理がある。聖天子の堯が出現したために存在したり、暴君の桀王のために亡失するような訳のものではない。如何なる君主であれ、天下に治平が齎される方途を用いて、これに対処すれば、首尾よく運んで、吉となるし、世の中が争乱に至る遣り方で対処するなら、災いを招いて、凶ともなる。万事の本である農業に勤め、歳出や費用を節約すれば、天もその人を貧乏にすることは出来ず、生活環境も整い、よく養生して、行動も時宜に叶っていれば、天もその人を病に罹患させることは出来ない。人道を修めて、些かも背馳することがなければ、天もその人に災禍を降すことは出来ない。従って、こうした方法にもとづくなら、大水や旱魃でも、飢餓に陥れることは出来ず、厳寒や酷暑でも、疾病を招くようなことはなく、妖怪変化でも凶事に遭遇させることは出来ない。

治乱、天邪。曰、日月星辰瑞（環）歴、是禹桀之所同也。禹以治、桀以乱。治乱非天也。時邪。曰、繁啓蕃長於春夏、畜積収蔵於秋冬、是禹桀之所同也。禹以治、桀以乱。治乱非時也。地邪。曰、得地則生、失地則死、是又禹桀之所同也。禹以治、桀以乱、治乱非地也。

一体、世の中の治乱は、天の所為なのであろうか。答えて曰く、日月星辰が、天空を循環・運行するのは、聖天子の禹の治世であれ、暴君の桀の代であれ、全く同じである。禹の時は治まり、桀の代は乱れた。そうであるならば、天下の治乱は、決して天によるものではない。それでは、四季の時節によるものであろうか。答えて曰く、春になれば、草木が一斉に芽吹き、夏に生長して繁茂し、秋に収穫して、冬に貯蔵することもまた、禹の時も桀の時でも同様である。そして、禹の時は治まり、桀の時には乱れた。従って、治乱は、決して四時のなす業ではない。それならば、地にもとづくのであろうか。地の利を得れば生育し、土地を失えば死滅するというのは、禹の時でも桀でも同一である。しかるに、禹の時にはそれで治まり、桀の時には乱れた。さすれば、治乱は地によるものでもない。

（『荀子』天論篇・第十七）

なお、以上のような論述と相通じる意識は、例えば、次のような叙述からも垣間見ることが出来る。

有乱君、無乱国、有治人、無治法。〔…〕故法不能独立、類不能自行、得其人則存、失其人則亡。法者治之端也、君子者法之原也。

国を乱す君主は存在するが、必ず自ずと乱れるような国というものは有り得ない。必ず国がよく治まる人は存在するが、必ずよく治まるという法は存在し得ない。〔…〕従って、法というものは、人とは無関係に、それ自身だけで独立して維持されることは出来ず、法度に準じる類例もまた、それ自身だけで施行される訳にはいかず、適切な人物が得られれば、存続し、適当な人物を失えば、滅んでしまう代物である。法とは、国を治める端緒であり、君子は法の本源である。

（『荀子』君道篇・第十二）

その意味では、当然のことながら、『孟子』に比して『荀子』の方が、より一層、人為の権能や範囲を拡大していると見ることが出来るが、当然のことながら、同時にこうした見解は、様々な思想潮流の全体的な位相から見るならば、やはり些か極端な論調と見なし得るものであろう。

総じて、「一治一乱」という語彙や概念は、王朝や権力の隆替に関して、最も分明な表現を与えたものと言えようが、何れにせよ伝統中国に特徴的な、いわゆる循環史観を端的に表象するものに他ならない。また、ここでは詳言は避けるが、木・火・土・金・水の五行が、その順序に従って推移するという、五行相生説の世界観にもとづき、王朝交替に関しても、五行の何れかの徳を有する個々の各王朝が、同様に循環しつつ、交替するという、古来のいわゆる五徳終始説なども、本質的にマジカルな歴史観に過ぎないとは言え、やはりその背景には、循環的な歴史観が伏在していると見ることも出来よう（なお、五徳終始説に関しては、委細は、第二章「正統について」（林文孝）、七九―八三頁を参看されたい）。

他方、伝統中国において、こうした循環史観と並んで、古来、優勢であった考え方として、周知のように、やや広く概括するなら尚古思想や尚古主義、より限定的に言えば、堯・舜・禹を経て、夏・殷・周の三代に至る、いわゆる唐虞《とうぐ》三代と呼ばれる先王の治世を極端に理想視する三代観念が挙げられる（関口 二〇〇三、第四章「道の行われた時代」、参照）。逆に『礼記《らいき》』礼運篇《らいうんへん》にその淵源を持ち、それを春秋公羊学と連結させた、清末の康有為《こうゆうい》（一八五八―一九二七）の『礼運注《らいうんちゅう》』や『大同書』に見られるが如き、遠い将来にユートピアを幻視する類の思想は、むしろ例外に属するものと言え、その意味では、本格的な進歩史観の登場は、進化論などの西欧思想の流入と受容を俟たなければならない。その他、民間の宗教的秘密結社である白蓮教の弥勒下生《みろくげしょう》説のような、ミレニアム的な志向もまた、総じて土着的で反体制的な心性や宗教感情と親和性を持つものであった。

そうであればこそ、例えば、唐の歴史家・劉知幾《りゅうちき》（六六一―七二一）の「古今不同、勢使之然也（古今の情勢が異なるのは、勢の然らしめる処である）」「古今有殊、澆淳不等（古今には異同があり、人情や風俗の厚薄にも自から異なりがある）」（『史通《しつう》』巻九・煩省・第三十三）といった表現に見られるような、どちらかと言えば、ややニュートラルな認識を媒介としつつ、大筋では、まさに「一治一乱」のような隆替や循環を繰り返しながら、より大きな尺度や流れとしては、時代が下るに伴い、徐々に歴史的な命運が衰退に向かう趨勢にあるという、いわば下降史観や堕落史観にも似た歴史観が顕在化することは、ある意味では、論理的な展開の必然とも言えよう。

古今の大きな落差と循環史観とが共存している点では、南宋の朱熹（朱子）もまた、同断であるが、その壮大な理気哲学との調停という、些か厄介な問題とも相俟って、彼の歴史意識が取り分け、注目されることは、夙に三浦國雄《みうらくにお》も指摘するところである（三浦 一九八四、参照）。朱熹の歴史意識はまた、当時、漸く頻出する語彙となった「気数」や「事勢」、ないしは「理勢」といった概念によって、様々なニュアンスを伴って、言表され、説明されている。

此亦事勢之必然。治久必乱、乱久必治、天下無久而不変之理。

これもまた、事勢の必然なのだ。治が長く続けば、必ず乱れ、乱が長く続くと、また、必ず治まる。天下には、永続して変わらないという道理など存在しないのだ。

（『朱子語類』巻七十）

古今天下、一盛必有一衰。聖人在上、兢兢業業、必日保治。及到衰廃、自是整頓不起。終不成一向如此、必有興起時節。

古今の天下は、一旦、隆盛を見れば、必ずや衰退する。聖人が統治している時には、戦々兢々として、日々治世を保つことに努める。しかるに、一度、衰退すると、最早、収拾も付かない有り様となる。だが、そのままずっとこうした状態が続くものではなく、必ずや再び興起する時節が到来する。

（『朱子語類』巻七十二）

以上は、基本的に『易』に準拠して、「事勢」の変化を語っている文脈であり、いわば自然史にも準えられるような場合には、本質的には、間断なき「一治一乱」、変化と隆替の循環史観がその基調にあると考えられる。

しかるに、三浦國雄も夙に指摘するように、「気数」や「気運」といった語彙を介して、宇宙万物を構成する「気」のはたらきの視点が、そこにより積極的に導入される事例では、一方で、歴史における偶然性の要素が示唆されると同時に、時に経年的な「気」の稀薄化や疲弊、昏濁などの作用が強調される際には、むしろそれは、歴史の進展に対する阻害要因として、些か悲観的な色調を帯びて、意識化されることになる。

又問、如此、則天地生聖賢、又只是偶然、不是有意矣。曰、天地那裏説我特地要生箇聖賢出来。也只是気数到那裏、恰相湊著、所以生出聖賢。及至生出、則若天之有意焉耳。

また〔沈僩《しんかん》が〕お尋ねした。「もしそうであるなら、天地が聖賢を生じるのも、やはりただの偶然に過ぎず、意志がある訳ではないということでしょうか」。〔先生が〕お答えした。「天地は、どうして自分が特に聖賢を生み出そうなどと言うものであろうか。やはり気数がそこに到ると、恰も上手い具合に相逢して、聖賢が生み出されるに過ぎない。聖賢が一旦、生み

出されると、恰もそこに天の意志があったかの如く見えるだけだ」。（『朱子語類』巻九十六）

或説、二気五行、錯揉萬変。曰、物久自有弊壊。秦漢而下、二氣五行自是較昏濁、不如太古之清明純粋。且如中星自堯時至今已自差五十度了。秦漢而下、自是弊壊。得箇光武起、整得略略地、後又不好了。又得箇唐太宗起来、整得略略地、後又不好了。終不能如太古。

ある人が、陰陽の二気が錯雑し、縺れ合って、様々な変化を生み出すことについて述べたのに対して、先生が言われた。「事物は時が経てば弊壊するものだ。秦・漢以降、二気・五行は徐々に昏濁して行き、太古のようには清明純粋ではなくなってしまった。例えば、南中する星も、堯の時代から今日まででは、〔歳差が〕五十度も狂ってしまった。秦・漢以降、天下は弊壊するばかりだ。〔後漢の〕光武帝《こうぶてい》が起こって、少しく立ち直ったが、その後はまた、芳しくなくなった。また、唐の太宗《たいそう》が起ち上がって、少しく立て直したが、それ以降はまた、衰亡して、結局、太古の如くに立ち戻ることは出来ない」。（『朱子語類』巻一三四）

後世気運漸乖。如古封建、畢究是好人在上。今儒者多歎息封建不行、然行著亦可慮。

「時代が降るにつれて、気運もまた、徐々に歪んできた。古に封建が行われた時には、要するに優れた人物が上に立っていたので、それが可能だったのだ。現在、儒者の多くは、封建が行われないことを嘆いているが、仮にそれが行われたとしても、上手くいかないことは想像に難くない」。（『朱子語類』巻四）

しかるに、その一方で、むしろ必然的とも言える「事勢」の赴く方向性を踏まえて、それを勘案し、適切に斟酌することこそ、聖人の仕業であり、そうした意味での積極的な人為に対して期待を込める姿勢もまた、垣間見ることが出来る。

器之説損益。曰、勢自是如此。有人主出来、也只因這箇勢、自住不得。到這裏、方看做是如何。惟是聖人能順得這勢、盡得這道理。以下人不能識得損益之宜、便錯了壞了、也自是立不得。

陳器之《ちんきし》が〔『論語』為政篇《いせいへん》の〕損益〔夏・殷・周は各々先行する王朝の礼や制度を承け継ぎ、斟酌して、損益を加えたという逸話にもとづく〕について述べた。「勢として自からそうなったのだ。人君が出現しても、やはりこの勢に因るほかはなく、それはもとより押し止めることの出来ないものなのだ。そこに立ち至って、はじめてどうすべきかが分かる。ただ聖人だけが、この勢に順応して、道理というものを余すところ無く発揮し尽くすことが出来る。それ以下の人びとは、適切な損益の按配が分からずに、誤って自滅してしまい、立ち行くことが出来ない」と。
（『朱子語類』巻二十四）

問、其所闕者宜益、其所多者宜損、固事勢之必然。但聖人於此処得恰好、其他人則損益過差了。曰、聖人便措置一一中理。

〔徐寓《じょう》が〕問う、「その欠落した箇所は、適切に増補し、多い部分は適切に削除すべきというのは、もとより事勢の必然です。ただ聖人だけが、この点で至当な均衡を得て、その余の人びとは皆、損益し過ぎて、過誤を犯すのですね」。〔先生が〕言われた、「聖人は適宜に措置を行って、全て一々理に中るものだ」。
（『朱子語類』巻二十四）

「勢」はまた、時に「理」とも結び付き、「理勢」という概念や語彙もまた、しばしば用いられるに至る。その場合、歴史的な展開の様相としては、そうなるべくして、そうならざるを得ない、いわば「必然」とも「自然」とも言えよう、滔々たる成り行き、一面で「已むを得ざる勢」すら超えた「自然の理勢」として、それが認識されることになる。ここには、歴史の推移の裡に、いわば「天理」の一定の顕現や自己展開を見出そうとする姿勢が、暗黙裡に潜んでいるものと見受けられる。

且封建自古便有、聖人但因自然之理勢而封之、乃見聖人之公心。且如周封康叔之類、亦是古有此制。因其有功、有徳、有親、当封而封之、卻不是聖人有不得已処。若如子厚所説、乃是聖人欲呑之而不可得、乃無可奈何而為此。不知所謂勢者、乃自然之理勢、非不得已之勢也。

封建は古代より存在したが、聖人はただ自然の理勢に従って、封建したに過ぎず、そこにこそ聖人の公心が見出し得るのだ。例えば、周が康叔《こうしゆく》を封じたような事例は、やはり古にこの制度が存在した証左である。各々その功があり、徳があり、誼があることに因って、封ずべくして封じたのであり、聖人にとって、已むを得ざる処があって、そうした訳ではない。もし子厚《しこう》〔柳宗元〕の所説のようであれば、聖人が彼らを併呑しようとして叶わず、他に如何ともし難くて、封じたことになってしまう。いわゆる勢とは、自然の理勢であって、已むを得ざる勢ではないことを〔彼は〕分かっていないのだ。

（『朱子語類』巻一三九）

ここで朱熹は、「故封建非聖人意也。勢也（封建は聖人の意志にもとづくものではなく、時勢の成り行きの赴くところである）」（「封建論《ほうけんろん》」）と喝破した柳宗元《りゅうそうげん》（子厚、七七三―八一九）が、聖人による封建という行為の背景に、「已むを得ざる勢」のみを見出して、「自然の理勢」が存在することに気付いていない点を批判している。

朱熹の歴史意識は、斯様にも多様で複雑な面貌を呈しており、このことは、一面では、彼自身の理気哲学との整合性を欠いている部分があることも否めない。しかるに、その点こそが、またその後の思想史的な展開の裡で、「理／勢」の相剋をめぐる様々な議論を生み出す素地を提供している。

2 理／勢の相剋――制度と風俗の推移と変容

さて、台湾の思想史家である何祐森《かゆうしん》によれば、「勢」をめぐる観念の諸類型として、大凡、三つのタイプが想定され、当該の語彙の変遷史上においても、概ね時系列上に頻出する観念や用例に変化が見られるという（何 一九八九）。

すなわち、まず、先秦時代においては、取り分け、韓非子らをはじめとする法家思想の論理や文脈の中で、主として政権やその当局者に関わる「威勢」や「勢位」、「自然之勢」、「勢治」などの観念や語彙として、重要視され、多用された。これらの概念は、既に小論でも既述したように、空間的な布置や時間的な趨勢のみならず、個人的、ないしは集団的な力量や運命など、さまざまな含意を担いつつ、日常的な語彙とも連続しており、その意味では、概念としての洗練の度合いは、一面で未成熟であったとも言える。

次いで、第二の時期や類型としては、大幅に下って、宋代に入り、歴史的世界を通観して、「天下、勢のみ」（『周敦頤集《しゅうとんいしゅう》』巻六、勢・第二十七）と喝破した周敦頤（濂渓）をはじめ、いわゆる新法を志向した王安石《おうあんせき》（一〇二一—一〇八六）による、「視時勢之可否、而以人情之患苦、変更天下之弊法（時勢の当否を直視し、民情の艱苦を勘案した上で、天下の悪法を改めるべきである）」（『臨川集《りんせんしゅう》』巻三十九）といった認識や前述した朱熹（朱子）の事例のように、歴史的な「時勢」を重視する考え方とともに、事功派と称された陳亮《ちんりょう》（龍川《りゅうせん》、一一四三—一一九四）や葉適《しょうせき》（水心《すいしん》、一一五〇—一二二三）らの如く、宋が北方の金と対峙したことを踏まえて、むしろ空間的な「形勢」を問題化する傾向とが見られたが、何れも「勢」という概念とともに、「時」や「変」という契機を重視するなど、大枠では、歴史的な趨勢を前提とする観念に集約されるとともに、そうした「勢」と道徳や原理との連関や両者の軽重・本末を論じる傾向へと道を開いたという。第三の最終的な段階として、やがてこうした考え方は、大枠では、理学的・朱子学的な世界観の中で、「自然之勢」や「必然之勢」といった歴史的な趨勢と「理」の相剋や葛藤、両立の可否などの問題として顕在化し、最終的には、歴史の発展をめぐって相応の説得力を持つ、王夫之（船山《せんざん》）による有力な見解などへと収斂されるとの見通しが示されている。

実際、既に少しく瞥見した、柳宗元や朱熹らの議論に見られるように、「事勢（時勢）」や「理勢」といった概念語彙を駆使しながら、「封建」から「郡県」へといった、制度論上の歴史的な推移や変遷に絡めて、それに不可避的に随伴するものと観念された風俗や人情の厚薄の変容を結び付けて論じるタイプの言説が、近世期以降、しばしば散見されるようになる。

彼封建者、更古聖王堯、舜、禹、湯、文、武而莫能去之。蓋非不欲去之也、勢不可也。［…］封建、非聖人意也。

かの封建という制度は、古の聖王である堯・舜・禹・湯王《とうおう》・文王《ぶんおう》・武王《ぶおう》を以てしても、これを除き去ることの出来た者はいなかった。それと言うのも、これを去ることを欲しなかったという訳ではないのである。勢の成り行きから、そうすることが出来なかったのである。［…］従って、封建は、聖人の意図するものではなかったのである。

聖賢生於其時、亦無以立於天下。封建者為之也。豈聖人之制使至于是乎。吾固曰、非聖人之意也、勢也。

聖賢がその時代に生まれても、天下に立つべき拠り所がない。封建という制度がそうさせるのである。どうして聖人の制度が、かかる仕儀にまで至らせるであろうか。だからこそ、私はもとより言うのである、これは聖人の考えではなくて、事の成り行きという勢がそうさせたものである。

（以上、柳宗元「封建論」、『柳宗元集《りゅうそうげんしゅう》』）

因みに、溝口雄三《みぞぐちゆうぞう》によれば、柳宗元の提言は、藩鎮の一つの安禄山《あんろくざん》の乱を受けてのものであり、更に貴族官僚制下での「郡県」の主張には、科挙官僚制を先取りする一面があったことを示唆するが、何れにせよ、前述したように、朱熹も指摘する如く、彼はそこにいわば「事勢（時勢）」の成り行きは看取してはいても、「理勢」の必然を見出すことはなかったとも言えよう（なお、溝口の議論については、溝口一九八九、参照）。

その意味では、一見、柳宗元の議論との類似性や親近性を感じさせる、以下の如き、葉適（水心）の発言は、むしろ言葉の本来の意味における歴史的な相対主義、ないしは、それぞれの時宜に適った制度の在り方を示唆するものとして、注目に値する。

夫以封建為天下者、唐、虞、三代也。以郡県為天下者、秦、漢、魏、晋、隋、唐也。法度立於其間、所以維持上下之勢也。唐、虞、三代、必能不害其為封建而後王道行。秦、漢、魏、晋、隋、唐必能不害其為郡県而後伯政挙。

封建によって天下を保ったのは、堯・舜・禹と夏・殷・周の唐虞三代である。郡県を用いて天下を保ったのが、秦・漢・魏・晋・隋・唐であった。天下に制度を敷くことで、上下の勢を維持する所以となる。唐虞三代は、必ずその封建を損なわずに、王道を行うことが可能であった。秦・漢・魏・晋・隋・唐では、必ず郡県を損なうことなく、相応の善政を収めることが出来た。

（葉適『水心別集《すいしんべっしゅう》』巻十二、「法度総論」一）

また、元来、原理的には理想視されていたとは言え、後世においては、「封建」は最早、行い難いものという認識それ自体は、道学系の思想家の間でも、むしろかなり広く共有されていた。

必井田、必封建、必肉刑、非聖人之道也。善治者、放井田而行之而民不病、放封建而使之而民不労、放肉刑而用之而民不怨。故善学者、得聖人之意而不取其迹也。迹也者、聖人因一時之利而制之也。

絶対に井田、封建、肉刑を施行しなければならないと固執するのは、聖人の道ではない。優れた為政者は、井田法に倣ったやり方で治めても、民は苦しまず、封建に倣って行うだけで民を労することはなく、肉刑に倣っても民は怨まない。故に優れた学者は、聖人の心意を理解して、必ずしも彼らが遺した形式に則らない。そうした形式は、聖人が一時の便宜によって定めたものなのである。

（程頤（伊川《いせん》）『河南程氏遺書《かなんていしいしょ》』巻二十五）

伊川常言、要必復井田封建。及晩年又却言、不必封建井田。

伊川は常に、必ず井田、封建の制を復活させなければならないと言っていた。しかるに晩年に及んで、必ずしも封建や井田を行う必要はない、と述べるに至っている。

（『朱子語類』巻八十六）

もっとも、既述したように、朱熹にあっても、制度としての「封建」の原理上の、あるいは、相対的な優位性に関しては、古今の「気運」とそれに起因する「人物」の相違に帰するものとして、むしろ当然視もされている（『朱子語類』巻四、前掲一八八―一八九頁、参照）。

翻って、時代は下って、明末清初期に至ると、再びいわゆる「封建」論が、地方の士人たちによる一種の地方分権化の要求として、装いも新たに主張されるようになる（増淵一九六九、また、張・園田二〇〇六などのほか、詳細に関しては、伊東二〇〇五、特にその第五章「近世儒教の政治論」を参照されたい）。

その急先鋒とも言える、清代初期の朱子学者・呂留良《りょりゅうりょう》（晩村《ばんそん》、一六二九―一六八三）の所説はまた、「理／勢」の対概念を極めて厳格な二分法で捉えていることでも知られており、「理」がいわば歴史を超越した原理性を担うのに対して、「勢」という語彙には、何らの内在的な価値も、既成の所与としての重みや意味も持たない、徹底して否定的な含意が込められている。かくして、封建や井田の制が廃れたのは、「勢」の赴くところに過ぎず、断じて「理」ではないとする、些か極端な論調が展開される。

封建井田之廃、勢也、非理也。乱也、非治也。後世君相、因循苟且以養成其私利之心、故不能復返三代。孔孟程朱之所以憂而必争者、正為此耳。雖終古必不能行、儒者不可不存此理以望聖王之復作。今托身儒流而自且以為迂、更復何望哉。若因時順勢、便可称功、則李斯之法、叔孫通之礼、曹丕之禅、馮道之匡済、趙普之釈兵、皆可以比隆聖賢矣。此所謂曲学阿世、孔孟之罪人、学者不可不慎也。

封建、井田の制が廃れたのは、勢の赴くところであって、断じて理によるものではない。乱と言うべきであって、治とは言えない。後世の君相は、間に合わせで状況追認的な態度で、その私利の心を逞しくし、かくして遂に三代に復古することが出来なくなってしまった。孔《こう》孟程朱《もうていしゅ》が危懼して必ず問題にしたところは、まさにこの点なのである。結局のところ、必ずしも古のとおりに行うことは叶わないとしても、儒者はこの理というものに依拠して、聖人が再び現れることを待ち望むべきである。今まさに儒者として身を処していながら、自らこうした在り方を迂遠なものと考える輩がいるが、そのようなことで、他に何を望もうというのか。もし時勢に順応することを功と見做すと言うなら、李斯《りし》の法、叔孫通《しゅくそんつう》の礼、曹丕《そうひ》の禅譲、馮道《ふうどう》の施策、趙普《ちょうふ》の釈兵など、皆、聖賢に比肩するものとなってしまう。これこそ所謂曲学阿世、孔孟の罪人と言うべきものであって、学人はよくよく心しなければならない。

（呂留良講、陳鏦《ちんしょう》編次『呂晩邨先生四書講義《りょうばんそんせんせいししょこうぎ》』巻三十四）

但し、当時の同時代的な議論の布置としては、「有聖人起、寓封建之意於郡県之中、而天下治矣（もし聖人が出現したなら、封建制の意を郡県制のなかに含意させ、かくして天下はよく治まろう）」（「郡県論《ぐんけんろん》」一、『亭林文集《ていりんぶんしゅう》』）と述べる、有名な顧炎武《こえんぶ》（一六一三―一六八二）の「郡県論」のように、郡県制それ自体は否定せず、そこに「封建之意」を込めることによって、その枠内での一定の地方自治、地方分権を主張するものが、より一般的であった。

因みに、やはり有名な彼の「亡国」と「亡天下」の議論をはじめとする、歴代風俗論において、あるべき社会秩序や風俗が、滔々として崩壊に向かう危機感が表明されているとの岸本美緒《きしもとみお》の見解があり、同じく大きな基調としては、そこに一種の下降史観を見出すこともまた、可能であろう（岸本 一九九六）。

有亡国、有亡天下、亡国与亡天下奚辨。曰、易姓改號謂之亡国。仁義充塞、而至於率獣食人、人将相食、謂之亡天下。〔…〕是故知保天下、然後知保其国。保国者、其君其臣肉食者謀之。保天下者、匹夫之賤、与有責焉耳。

亡国と亡天下とを分かつものは何であろうか。曰く、易姓改號（王朝交替）を亡国と言い、〔『孟子』滕文公下篇に言う〕仁義の心が充塞し、獣を率いて人を喰らわせ、人びとがまさに相食む状態に至ること、これを亡天下という。〔…〕天下を保つことを知って、然る後にその国を保つことを知る。国を保つことは、君主やその家臣といった〔贅沢な暮らしをする支配層である〕肉食者の謀るべき任務である。しかるに、天下を保つことに関しては、匹夫の賤と雖も、ともにその責任を負うのである。（『日知録《にっちろく》』巻十三、正始）

岸本はまた、「魏晋の清談の流行に伴う道徳秩序の崩壊を論ずるこの文章の文脈のなかに「亡国亡天下」論を位置づけてみるならば、顧炎武がここで対抗しようとしている敵が、夷狄そのもの、或いは専制支配そのものではなく、滔々として秩序崩壊へと向かう社会全体の動きであることが了解されるであろう。その最後の一線を防衛する責任は、最終的に我々自身（「匹夫」）にあるのであって、他者（王朝国家）に依存することはできない、ということが、彼の主張なのである」とも述べている（岸本二〇〇一）。

これらに対して、むしろ郡県制にもとづく中央集権的な国家構想に依拠して、取り分け、上記の呂留良の所説とは、対蹠的な展開を見せるのが、有名な王夫之（船山）の議論である。

両端争勝、而徒為無益之論者、辨封建者是也。郡県之制、垂二千年而弗能改矣。合古今上下皆安之。勢之所趨、豈非理而能然哉。

両極端の意見が相争い、徒に無益な議論を行っているのは、封建をめぐっての論争がそれである。郡県の制は、二千年に垂んとし、しかもこれを改変することが出来ないでいる。古今上下の人々が皆、この制度に安んじている。これは勢の赴くところであるとともに、どうして理に適っていなくて、かくあり得ようか。（『読通鑑論《とくつがんろん》』巻一、秦始皇《しんしこう》）

ここからは、王夫之が、すぐれて現実主義的な歴史意識を背景として、所与の歴史過程や歴史的事実の累積が有する重みに依拠しながら、立論を展開しようとする姿勢を看取することが出来る。それは一方では、彼の相即的・合一的な「理気」論をはじめ、「理勢」論や「道器」論といった、その哲学にも通底するものであって、現代中国の学界において、時に「理勢相成」「理勢合一」などと称されて、しばしば歴史の発展に棹さす議論として、賞揚されていることも、全く故無しとしない。

理与気不相離、而勢因理成、不但因気。［…］理勢不可以両截溝分。

理と気とは、互いに分かつことが出来ず、勢は、単に気に因るばかりではなく、理に因っても形造られる。［…］理と勢とは、截然と区別することは出来ない。

言理勢者、猶言理之勢也。又只在勢之必然処見理。

理勢というものは、言い換えれば理の勢とでも言うべきものである。また、勢の成り行きの必然においてこそ、理が顕現している。（以上、『読四書大全説《とくししょたいぜんせつ》』巻九）

順必然之勢者、理也。

必然の勢に従うことが、理である。（『宋論《そうろん》』巻七）

順逆者、理也、理所制者、道也。可否者、事也、事所成者、勢也。以其順成其可、以其逆成其否、理成勢也。循其可則成、用其否則逆、勢成理者也。

道理に順うか、背くかは、理によるのであり、理の制するものは道である。可否は、事の範疇のものであり、事が形作るものは、勢である。理に適うものを用いて、可なることを行い、理に逆らうものを以て、否と成すのは、理が勢を形作るものである。可なるものに順えば行われ、否なるものを用いて背馳するのは、勢が理を形作るものである。（『詩広伝《しこうでん》』巻三）

據器而道存、離器而道毀。

器〔具体的な形を持つ万物、経験的に知覚し得る個別的な事象〕に拠ってこそ、道が存在するのであり、器を離れては道は亡びる。

（『周易外傳《しゅうえきがいでん》』巻二・大有）

天下惟器而已矣。道者器之道、器者不可謂之道之器也。〔…〕君子之道、盡夫器而已矣。

天下に存するのは、ただ器だけである。道は器の道であって、器を道の器と言うことは出来ない。〔…〕君子の道とは、器を尽くすということに尽きるのだ。

（同・巻五、繫辞上傳、第十二章）

しかるに、高邁な理想を標榜することが、直ちに守旧的な態度であり、他方、現実の趨勢に即応することだけが、より合理的で進歩的な姿勢として、速断しても良いものであろうか。その点、「理／勢」の優劣や相剋をめぐる対蹠的な結論を導くものとして、片や社会的には混乱の直中で、儒教的な理念の高みから、現実の政治体制を批判的に吟味しようとした、明末の思想家・呂坤《りょこん》（新吾《しんご》、一五三六―一六一八）の言説に対して、ほぼ一世紀を隔てて、少なくとも表面的には、社会的な安寧と太平が齎された清代中葉の人・焦循《しょうじゅん》（里堂《りどう》、一七六三―一八二〇）の論難とを対比するとき、思い半ばに過ぎるものがあろう。

故天地間、惟理与勢為最尊。雖然、理又尊之尊也。廟堂之上言理、則天子不得以勢相奪。即相奪焉、而理則常伸於天下万世。故勢者、帝王之権也。理者、聖人之権也。帝王無聖人之理、則其権有時而屈。然則理也者、又勢之所恃以為存亡者也。

天地の間では、ただ理と勢だけが最も尊い。だが、理はとりわけ尊中の尊である。朝廷にあっても、理によって言挙げすれば、天子と雖も勢位によってこれを封じ込めることは出来ない。たとえその場は押さえ込んだとしても、理は常に天下万世へと向けて開かれている。だから、勢は帝王の権であり、理は聖人の権である。帝王に聖人の理がなければ、その権は何時か屈することになろう。だとすれば、理というものは、勢の存亡がそれに依拠するところのものなのだ。

（呂坤『呻吟語《しんぎんご》』巻一之四、談道）

明人呂坤有語録一巻、論理云、天地間惟理与勢最尊、理又尊之尊也。廟堂之上言理、則天子不得以勢相奪。即相奪、而理則常伸於天下萬世。是真邪説也。孔子自言事君尽礼、未聞持理以要君者。呂氏此言、乱臣賊子之萌也。

明人の呂坤に語録一巻があり、理を論じて次のように述べている。天地の間では、ただ理と勢とが最も尊く、理はまた尊中の尊である。朝廷においても、理によって言挙げすれば、天子もまた、これを勢によって封じ込めることは出来ない。もし押さえ込んだとしても、理は常に天下万世に向けて伸張している、と。これは、全くの邪説である。孔子は自ら君に事えるには礼を尽くすと言われたが、未だ曾て理を以て君を脅かす者など聞いた例がない。呂氏のこの言は、まさに乱臣賊子の萌しである。

（焦循『雕菰集《ちょうこしゅう》』巻十、理説）

因みに、前者の呂坤の所論に関しては、米国の思想史家の余英時《よえいじ》によって、いわゆる「内在超越」の立場、すなわち「「道統」によって「治統」を馴致する」という姿勢の代表例としても、顕揚された言説として知られるところである（余 一九九〇、参照）。しかるに、哲学・思想史上の様々な局面における一元論化の趨勢とも伴走しつつ、既に第二章「正統について」（林文孝）においても、いみじくも論じられたように、「道統・治統の一致」が高らかに宣揚された清朝の最盛期にあっては、皮肉なことに、後者の焦循の議論に顕著に見られるような、既成の政治・社会的な現実の大幅な追認、それとの妥協的な一体化が、最早、自明の前提として、共有される趨勢にあったように見受けられる（前掲一三〇―一三六頁、参照）。

さすれば、遂に「理」や「道」は、「勢」なり、「気」や「器」の裡に収斂し、埋没し終わったのであろうか。歴史が証すところでは、必ずしもそうではあるまい。清末から近代を迎えた中国では、西欧思想も含めた多様な「理」が、文字どおり「様々なる意匠」を纏いつつ、再び喧しく言挙げされ、総体としての伝統中国それ自身もまた、まさにグローバルな「勢」の直中に、投げ出され、放り込まれる命運を辿ったのである。

底本

李学勤主編『十三経注疏（標点本）』（全二十六冊）、北京、北京大学出版社、一九九九年
『老子道徳経注校釋』、王弼注、樓宇烈校釋、北京、中華書局（新編諸子集成）、二〇〇八年
楊伯峻撰『列子集釋』、北京、中華書局（新編諸子集成）、二〇一三年
王先謙撰『荀子集解』、沈嘯寰・王星賢點校、北京、中華書局（新編諸子集成）、二〇一三年
王先慎撰『韓非子集解』、鍾哲點校、北京、中華書局（新編諸子集成）、二〇一三年
『十一家注孫子』（綫装一函六冊）、曹操・杜牧等注、北京、国家図書館出版社、二〇一五年
劉寅輯著、張居正増訂『増訂武経七書直解』、翁鴻業重校、内閣藏板・和装本、原本：京都・澤田庄左衛門、寛永二十年
程夔初集注『戦国策集注』、程朱昌・程育全編、上海、上海古籍出版社（永康程氏遺書）、二〇一三年
許維遹撰『呂氏春秋集釋』（全二冊）、梁運華整理、北京、中華書局（新編諸子集成）、二〇一五年
劉安撰／陳広忠訳『淮南子』（伝世経典・文白対照）、北京、中華書局、二〇一四年
劉勰『文心雕龍』（全二冊）、范文瀾註、北京、人民大学出版社（中国古典文学理論批評叢刊）、一九五八年
房玄齢等撰『晋書』（全十冊）、北京、中華書局、二〇一五年
柳宗元『柳宗元集』（全四冊）、北京、中華書局（中国古典文学基本叢書）、一九七九年
柳宗元『柳宗元集校注』（全十冊）、尹占華・韓文奇校注、北京、中華書局（中国古典文学基本叢書）、二〇一三年
劉知幾・浦起龍通釋『史通通釋』、王煦華整理、上海、上海古籍出版社（清代学術名著叢刊）、二〇〇九年

周敦頤『周敦頤集』、陳克明點校、北京、中華書局（理学叢書）、一九九〇年
王安石『王荊公文集箋注』（全三冊）、李之亮箋注、成都、巴蜀書社、二〇〇五年
朱熹『四書集注』、台北、藝文印書館、一九八〇年
朱熹『四書章句集注』、北京、中華書局（新編諸子集成）、一九八三年
黎靖徳編『朱子語類』（全八冊）、王星賢點校、北京、中華書局（理学叢書）、一九八六年
朱熹『周易本義』、廖名春點校、北京、中華書局（易学典籍選刊）、二〇〇九年
葉適『葉適集』（上・中・下）、劉公純・王孝魚等點校、北京、中華書局（中国思想史資料叢刊）、一九六一年初版、二〇一〇年
呂坤『呂坤全集』（上・中・下）、王国軒・王秀梅整理、北京、中華書局（理学叢書）、二〇〇八年初版、二〇一二年
方以智／龐朴注釋『東西均注釋』、北京、中華書局、二〇〇一年
顧炎武・黄汝成集釋『日知録集釋』、欒保群等校點、上海、上海古籍出版社（清代学術名著叢刊）、二〇〇六年
顧炎武『顧亭林詩文集』、華忱之點校、北京、中華書局（中国古典文学基本叢書）、一九五九年初版、二〇〇八年
王夫之『宋論』、北京、中華書局、一九六四年
王夫之『讀通鑑論』（全三冊）、舒士彦點校、北京、中華書局、一九七五年
王夫之『船山全書』（全十六冊）、長沙、岳麓書社、二〇一一年
呂留良講、陳鏦編次『呂晩邨先生四書講義』（全三冊）、台北、廣文書局（漢学彙編）、一九七八年
呂留良『呂留良全集』（全十冊）、兪国林編、北京、中華書局（国家清史編纂委員会・文献叢刊）、二〇一五年
戴震『孟子字義疏証』、何文光整理、北京、中華書局（理学叢書）、一九六一年初版、二〇一二年
焦循『雕菰集』、楊家駱主編、台北、鼎文書局、一九七七年

参考文献

冨山房編輯部編『漢文大系』第十三巻、孫星衍・呉人驥校『孫子十家註』、服部宇之吉再校／劉寅輯、張居正訂『呉子直解』ほか、冨山房、一九一二年

張岱年〔宇同〕『中国哲学大綱』、北京、商務印書館、一九五八年：のち、北京、中国社会科学出版社、一九八二年／再版、一九九四年。邦訳、澤田多喜男訳『中国哲学問題史』（上・下）、八千代出版、一九七五年、一九七七年

金谷治『老荘的世界――淮南子の思想』、平楽寺書店（サーラ叢書）、一九五九年：のち『淮南子の思想』、講談社学術文庫、一九九二年

一海知義・興膳宏訳『陶淵明・文心雕龍』、筑摩書房（世界古典文学全集二五）、一九六八年

平岡禎吉『淮南子に現れた気の研究』、漢魏文化学会、一九六一年：のち、改訂版、理想社、一九六八年

Étienne Balazs, *La bureaucratie céleste : recherches sur l'économie et la société de la Chine traditionnelle*, Gallimard, 1968, Ouvrage reproduit, 1988. 邦訳、エチアヌ・バラーシュ／村松祐次訳『中国文明と官僚制』、みすず書房、一九七一年

増淵龍夫「歴史認識における尚古主義と現実批判――日中両国の「封建」・「郡縣」論を中心にして」、岩波講座『哲学IV・歴史の哲学』、一九六九年：のち『歴史家の同時代史的考察について』、岩波書店、一九八三年に再録。更には、再版として、岩波オンデマンドブックス、岩波書店、二〇一二年

後藤基巳・山井湧編訳『明末清初政治評論集』、平凡社（中国古典文学大系五七）、一九七一年

板野長八『中国古代における人間観の展開』、岩波書店、一九七二年

川勝義雄『史学論集』、朝日新聞社（中国文明選十二）、一九七三年

荒木見悟・溝口雄三『朱子・王陽明』、中央公論社（世界の名著続四）、一九七四年

星川清孝『唐宋八大家読本　二（韓愈・柳宗元）』、明治書院（新釈漢文大系七一）、一九七六年

吉川幸次郎・三浦國雄『朱子集』、朝日新聞社（中国文明選三）、一九七六年

張彦遠／長廣敏雄訳注『歴代名画記』（1・2）、平凡社（東洋文庫）、一九七七年

楠山春樹訳注『淮南子』（上・中・下）、明治書院（新釈漢文大系五四、五五、六二）、一九七九年、一九八二年、一九八八年

小林昇『中國・日本における歴史観と隠逸思想』、早稲田大学出版部、一九八三年

中田勇次郎『中田勇次郎著作集・心花室集』第一巻（中国書論史・中国書論集・中国書道集）、二玄社、一九八四年

杜維運『清代史學與史家』、台北、東大圖書公司、一九八四年：のち、北京、中華書局、一九八八年

三浦國雄「氣數と時勢——朱熹の歴史意識」、『東洋史研究』第四二巻、第四号、東洋史研究会、一九八四年：のち、『朱子と気と身体』、平凡社、一九九七年所収
川勝義雄『中国人の歴史意識』、平凡社（平凡社選書九二）、一九八六年：のち、平凡社ライブラリー、一九九三年
目加田誠『文心雕龍　目加田誠著作集』第五巻、龍溪書舎、一九八六年
堀豊「王夫之の史論について——『読通鑑論』『宋論』を中心に」、『集刊　東洋学』第五六号、東北大学・中国文史哲研究会、一九八六年
内山俊彦『中国古代思想史における自然認識』、創文社（東洋学叢書）、一九八七年
金谷治『管子の研究——中国古代思想史の一面』、岩波書店、一九八七年：岩波オンデマンドブックス、二〇一五年
張立文『中国哲学範疇発展史（天道篇）』、北京、中国人民大学出版社（中国人民大学叢書）、一九八八年
張立文『中国哲学邏輯結構論——中国文化哲学発微』、北京、中国社会科学出版社、一九八九年
池田知久『淮南子——知の百科』、講談社（中国の古典）、一九八九年：のち、増補改訂版『訳注「淮南子」』、講談社学術文庫、二〇一二年
劉知幾／西脇常記編訳注『史通内篇』、東海大学出版会、一九八九年
溝口雄三「中国における「封建」と近代」、『文明研究』第七号、東海大学文明学会、一九八九年：のち『方法としての中国』、東京大学出版会、一九八九年所収
何佑森「歴史思想中的一箇重要觀念——「勢」」、『中央研究院第二届國際漢學會議論文集・歴史與考古組』、台北、中央研究院、一九八九年：のち、『儒學與思想——何佑森先生學術論文集・上冊』、國立臺灣大學出版中心、二〇〇九年所収
余英時（本間次彦訳）「中国知識人の史的考察」、『中国——社会と文化』第五号、一九九〇年
大谷敏夫『清代政治思想史研究』、汲古書院、一九九一年
余英時『内在超越之路——余英時新儒学論著輯要』、現代新儒学輯要叢書・中国広播電視出版社、一九九二年
François Jullien, *La Propension des choses : Pour une histoire de l'efficacité en Chine*, Paris, Des Travaux/Seuil, 1992. 邦訳、フランソワ・ジュリアン／中島隆博訳『勢　効力の歴史——中国文化横断』、知泉書館、二〇〇四年

桑子敏雄『エネルゲイア――アリストテレス哲学の創造』、東京大学出版会、一九九三年
張立文『中国哲学範疇発展史（人道篇）』、北京、中国人民大学出版社（中国人民大学叢書）、一九九五年
副島一郎「宋人と柳宗元の思想」、『東方学』第八九輯、東方学会、一九九五年
石川九楊『中国書史』、京都大学学術出版会、一九九六年
楠山春樹訳注『呂氏春秋』（上・中・下）、明治書院（新編漢文選）、一九九六年
栗田直躬『中国思想における自然と人間』、岩波書店、一九九六年
岸本美緒「風俗と時代観」、季刊『古代文化』第四八巻、第二号、公益財団法人・古代学協会、一九九六年：のち、『風俗と時代観――明清史論集1』、研文出版、二〇一二年所収
三浦國雄『朱子と気と身体』、平凡社、一九九七年
金谷治『金谷治中国思想論集・上巻――中国古代の自然観と人間観』、平河出版社、一九九七年
大西克己「王船山「郡県／封建」論をめぐって――その歴史理論と政治思想」、『日本中国学会報』第四九集、一九九七年
溝口雄三・丸山松幸・池田知久編『中国思想文化事典』、東京大学出版会、二〇〇一年
岸本美緒「明清時代における「風俗」の観念」、小島毅編『東洋的人文学を架橋する』、東京大学大学院人文社会研究科多分野交流演習論文集、二〇〇一年
関口順『儒学のかたち』、東京大学出版会（東洋叢書十一）、二〇〇三年
伊東貴之『思想としての中国近世』、東京大学出版会、二〇〇五年
稲葉一郎『中国史学史の研究』、京都大学学術出版会（東洋史研究叢刊之七〇・新装版八）、二〇〇六年
門脇廣文『文心雕龍の研究』、創文社（東洋学叢書）、二〇〇五年
張翔・園田英弘共編『「封建」・「郡県」再考――東アジア社会体制論の深層』、思文閣出版、二〇〇六年
林文孝「顧炎武「郡県論」の位置」、張翔・園田英弘共編『「封建」・「郡県」再考――東アジア社会体制論の深層』、思文閣出版、二〇〇六年所収
興膳宏『新版　中国の文学理論』、清文堂出版（中国文学理論研究集成1）、二〇〇八年

興膳宏『中国文学理論の展開』、清文堂出版（中国文学理論研究集成2）、二〇〇八年
舘野正美『中国古代思想窺見』、汲古書院、二〇〇八年
三浦國雄『「朱子語類」抄』、講談社学術文庫、二〇〇八年
何佑森『儒學與思想――何佑森先生學術論文集・上冊』、國立臺灣大學出版中心、二〇〇九年
宇佐美文理『「歴代名画記」――〈気〉の芸術論』、岩波書店（書物誕生　あたらしい古典入門）、二〇一〇年
井上進『明清学術変遷史――出版と伝統学術の臨界点』、平凡社、二〇一一年
土田健次郎『儒教入門』、東京大学出版会、二〇一一年
石川九楊『説き語り　中国書史』、新潮社（新潮選書）、二〇一二年
岸本美緒『風俗と時代観――明清史論集1』、研文出版（研文選書）、二〇一二年
張岱年主編『中国哲学大事典（修訂本）』、上海辞書出版社、二〇一四年
種村和史「衰運への感受性――「氣数」の詩語化の過程、および戴復古の歴史的意義」、『橄欖』vol. 20（停刊記念号）、宋代詩文研究会、二〇一六年
成田健太郎『中国中古の書学理論』、京都大学学術出版会、二〇一六年

余説

乱のヒストリア、治のヒストリア、そして古典中国——渡邉義浩

歴史は、なぜ書かれるのか。『詩経《しきょう》』大雅《たいが》蕩《とう》に、「殷鑑《いんかん》遠からず、夏后《かこう》の世に在り（殷鑑不遠、夏后在世）」とある。歴史を鑑とする思想は、これを起源とする。『春秋左氏伝《しゅんじゅうさしでん》』に注をつけた西晋《せいしん》の杜預《どよ》は、その序文で次のように述べている。

若夫制作之文、所以章往考来、情見乎辞。言高則旨遠、辞約則義微、此理之常、非隠之也。

そもそも〔聖人が〕制作する文は、それにより過去を明らかにし、未来を考える手だてとなるもので、〔聖人の〕心はその措辞に現れている。言葉が高邁であれば旨は遠くなり、措辞が簡潔であれば義は微《かすか》となる、これは理の常であって、ことさらに義を隠したものではない。

（『春秋左氏伝注疏』巻一 春秋序）

杜預の序文は、直接的には、後漢《ごかん》の何休《かきゅう》ら公羊学者が、孔子《こうし》は「『春秋』の文を微にし、その義を隠した」と主張することへの反論である（渡邉 二〇一六a）。しかし、それを超えて、ここには、『詩経』以来の歴史を鑑とする意識を読み取ることができる。「往を章《あき》らかにし来を考ふ（章往考来）」は、『周易《しゅうえき》』繋辞《けいじ》伝下を踏まえている。加賀栄治《かがえいじ》によれば、杜預がここで『周易』を引用するのは、天道と人道とを通ずる五経理念の一大体系を組成する意図が（杜預の基づく、司馬徽《しばき》らが創設した後漢末の）荊州学派《けいしゅうがくは》にあったものを継承したからであるという（加賀 一九六二）。天道を明らかにし未来の鑑となる『周易』と同様に、人道を描いた『春秋』もまた、未来の鑑と成ることができる。『春秋』は、左氏伝に対する杜預の集解により、人道の鑑たり得る歴史書であることを確認されている。

歴史が、人道の鑑となるためには、その治乱を描けばよい。乱を描く場合には、乱をもたらしたことへの批判が、本来あるべき姿を指し示す。治を描く場合には、それはそのまま規範となる。中国の正史のはじめである『史記《しき》』と『漢書《かんじょ》』は、『史記』が前者、『漢書』が後者の性格を帯びた史書である。

1　乱のヒストリア

1　『史記』の編纂過程と素材

『史記』は、前漢《ぜんかん》の司馬遷《しばせん》が著した中国最初の通史であり、黄帝《こうてい》から前漢武帝《ぶてい》期までを扱う。有史以来の主な国家の編年史を「本紀《ほんぎ》」十二巻とし、政治史を中心とする歴史過程の大綱を示し、その歴史過程の認識をより正確にするために、系図および年表を十巻の「表《ひょう》」に示す。そして、儀礼・制度・音楽・天文・暦法・祭祀・治水・経済などの分野史を八巻の「書《しょ》」に著し、諸侯の国々の歴史を三十巻の「世家《せいか》」として記す。最後に、多くの人物の伝記を七十巻の「列伝《れつでん》」に叙述し、あわせて百三十巻、司馬遷は、これを『太史公書《たいしこうしょ》』と名付けた。『史記』と呼ばれるようになるのは、後漢《ごかん》の霊帝《れいてい》期（二世紀後半）のことである。本紀と列伝を本質的な構成要素とするこの記述形式は、「紀伝体《きでんたい》」と呼ばれ、以後二千年にわたる中国の正史は、紀伝体によって書かれていく。

『史記』の制作は、父の司馬談《しばたん》が太史公《たいしこう》の官職に就いたことに始まる。司馬談は、『春秋《しゅんじゅう》』を書き継ぐことを目指し、明主・賢君・忠臣・死義の士を記録した。佐藤武敏《さとうたけとし》によれば、『史記』のうち、世家二篇・列伝八篇が司馬談の執筆によるという（佐藤 一九九七）。時代で言うと、春秋戦国時代から漢初にかけての部分である。これらの中で司馬談は、権力を批判した人々を高く評価している。

司馬遷が著した部分は、二つに大別される。佐藤武敏によれば、太史令として執筆したのは、本紀六篇、書五篇、世家二十一篇、列伝十八篇であるという（佐藤 一九九七）。こののち、司馬遷は太史令を罷免される。匈奴《きょうど》に降服した李陵《りりょう》将軍を弁護したためである。武帝が激怒したのは、司馬遷の意見の背後にあった、対匈奴戦の指揮者である将相、ことに李皇后の姻戚である李広利《りこうり》への批判、さらには匈奴政策そのものへの批判が宮中に潜在していたことによる。武帝は、こうした批判を封殺するため、司馬遷が全く予想もしなかった極刑に司馬遷を処した。

司馬遷は、『史記』が未完であったため、死刑を免れるよう宮刑《きゅうけい》を受けた。やがて武帝は、李陵が戦いに死力を尽くしたことなどを知り、後悔したという。このため、司馬遷は、受刑の後、太始《たいし》元（前九六）年に中書令《ちゅうしょれい》となり、『史記』の執筆を再開できた。『史記』が完成したのは、征和《せいわ》二（前八七）年、あわせて十三年に及ぶ執筆期間であった。

佐藤武敏によれば、李陵事件以降に執筆した部分は、孝武《こうぶ》本紀など本紀五篇、十表、封禅《ほうぜん》書・平《へい》準《じゅん》書など書三篇、外戚《がいせき》世家など世家六篇、伯夷《はくい》列伝・魏其武安《ぎきぶあん》侯列伝・司馬相如《しばしょうじょ》列伝・酷吏《こくり》列伝・貨殖《かしょく》列伝・太史公自序《たいしこうじじょ》など列伝四十四篇であるという（佐藤 一九九七）。

このように、『史記』は、本紀・世家・列伝・書・年表が最初から計画されていたのではなく、まず列伝・世家、次に本紀・書が加わり、最後に年表が作られるという経過をたどったと考えられている。

一九七二年に発見された馬王堆漢墓《まおうたいかんぼ》の三号墓より出土した帛書《はくしょ》『戦国縦横家書《せんごくしょうおうかしょ》』は、楚漢の際までに記された戦国故事二十七篇の輯本である。『戦国縦横家書』を『史記』の種本と考え、その記述と『史記』との比較を行った藤田勝久《ふじたかつひさ》によれば、『史記』の戦国史料では、少なくとも九割以上が、これらの先行する文字資料を素材としているという（藤田二〇一一）。具体的には、『史記』が素材とした資料は、漢代に伝えられた王朝の図書を基本とする。それらの中で、『史記』が利用した系統は、太常に関する儀礼書（太史令は太常の属官である）、太史令などの天文・暦・紀年資料・系譜と、博士《はくし》の書物が多い。素材を収集した後は、それを取捨選択して『史記』を編集したが、選択した資料のうちには、すでに史実として疑わしい伝説も含まれていたという。注目すべきは、編集を行う際に、司馬遷が独自の史観により歴史を編纂していたことである。

2 『史記』の特徴

従来、『史記』には物語的叙述が多いため、司馬遷の発奮による創作の要素が多いと言われてきた。いわゆる「発奮著書」説である。また、武帝の時代には、文字に書かれた資料は少ないとされ、口承と語り物の利用や、司馬遷の旅行による取材を強調する説も多かった。『史記』の文学性を強調する見解である。しかし、出土資料の研究により、『史記』には、司馬遷の創作部分は少なく、先行する文字資料を基本に書籍を編集して『史記』を作成したことが解明された。また、司馬遷の旅行も、口承や語り物の取材のためではなく、儒教の礼を学ぶため行われた第一回以外は、武帝の随行であり、旅行の経験は直接的には『史記』に反映していない。すでに戦国時代から竹簡《ちくかん》の典籍が現れており、司馬遷が『史記』を著述するころには、書写された文書と書籍を編集する時代に入っていたのである。

また、『史記』が、司馬談の執筆部分、司馬遷が太史令の時の執筆部分、李陵事件の後の執筆部分に分けられるとの研究が進められた結果、これまで言われてきた『史記』の特徴も、それぞれの部分に応じて解明しなければならなくなっている。

佐藤武敏によれば、李陵事件以降、司馬遷は、叙述の時代を延長し、上は春秋から遡って五帝まで、下は漢初で止めず武帝までが取り扱われることになり、通史が完成するようになった。その背景には、古代における帝王、とくに理想的な帝王、また国家を衰亡に導いた無道の帝王がどのようなものであるかを書き記し、それを武帝に提示しようとする司馬遷の意図があったという（佐藤一九九七）。司馬遷の編集意図が李陵事件を機に大きく変わり、歴史を鑑として武帝を諫戒する性格が強くなったというのである。

また、李陵事件以前に取り扱っていた漢初の本紀は、その多くが明君的な要素を持ち、賛美の言葉が連ねられている。また、項羽本紀と秦始皇本紀は、漢初の皇帝たちと対照的に批判される対象として取り扱われている。すなわち、李陵事件以前の『史記』は、漢を賛美する史書であった。治に重点が置かれる歴史書であったと言い換えてもよい。これに対して、李陵事件以降は、封禅書・平準書、外戚世家、魏其武安侯列伝・司馬相如列伝・酷吏列伝・貨殖列伝の諸篇において、武帝への批判を読み取ることができる。乱への批判に重点が移っているのである。

さらに、李陵事件以降は、君主により不当な罪に問われた個人を深い同情の眼で見つめている。従来、この部分に『史記』の特徴が集約され、「発奮著書」説が主張されていた。それは決して誤りではないが、『史記』の特徴のすべてではない。

また、藤田勝久によれば、『史記』が文学性を帯びているのは、銀雀山竹簡《ぎんじゃくざんちくかん》『孫子』のエピソードをそのまま孫子列伝に引用しているように、利用した説話そのものに物語性が見られる場合と、司馬遷が興亡の原理や、その滅亡、失脚の原因を説明しようとする編集方針などに起因する場合とがあるという（藤田 二〇一二）。『史記』の文学性をそのまま司馬遷という著者の文学性に直接結びつけることはできず、『史記』が材料とした資料の来源を考えなければならないのである。

3 『春秋』を書き継ぐ

こうした近年の研究を踏まえたうえで、なお問わなければならないことは、『史記』執筆の思想的な背景である。『漢書』芸文志《げいもんし》が、『太史公書』を春秋家に分類しているように、この時代は、いまだ「史」が独立した地位を学術上に占めていない時代であった。司馬遷は、何を目的として『史記』を執筆したのであろうか。

『後漢書《ごかんじょ》』班彪伝《はんぴょうでん》に掲げられる『後伝《こうでん》』（班彪が『太史公書』を書き継いだ史書で、『漢書』の原型）の「略論《りゃくろん》」は、司馬遷が記述した史事の範囲を「上は黄帝から、下は獲麟《かくりん》に至るまで」と伝えている。

孝武之世、太史令司馬遷、採左氏・国語、刪世本・戦国策、拠楚・漢列国時事、上自黄帝、下訖獲麟、作本紀・世家・列伝・書・表凡百三十篇、而十篇缺焉。

武帝の世には、太史令の司馬遷が、『左氏伝《さしでん》』と『国語《こくご》』の記録を採集し、『世本《せほん》』と『戦国策』の記録を削り、楚漢列国の〔争いが繰り広げられていた〕当時の史事に基づいて、上は黄帝から、下は獲麟に至るまで、本紀・世家・列伝・書・表の合わせて全百三十篇を作ったが、その内の十篇は欠けた。

（『後漢書』列伝三十上 班彪伝）

ここに述べられる「獲麟」について、『後漢書』に付けられた李賢《りけん》の注は、「武帝の太始《たいし》二（前九五）年、隴首《ろうしゅ》に登り、白麟《はくりん》を獲た。司馬遷は『史記』を作っていたが、（孔子が獲麟で『春秋』を擱筆《かっぴつ》したように）筆をこの年に擱《お》いた」と説明する。

現在、司馬遷の著した武帝本紀は伝わっておらず、『史記』が太始二（前九五）年の獲麟で筆を擱いているか否かを直接確認することはできない。しかし、『史記』巻一百三十太史公自序にも、「そこでついに陶唐《とうとう》（堯）よりこのかた、麒止《きし》までのことを論じた。その記述は黄帝より始める（於是卒述陶唐以来、至于麒止。自黄帝始）」とあるように、獲麟で筆を擱いたことは明記されている。また、『漢書』武帝紀にも、太始二（前九五）年に獲麟の記事が載せられている。

哀公《あいこう》十四年、獲麟の記事で孔子が『春秋』を擱筆していることについて、『春秋公羊伝《くようでん》』と何休注《かきゅうちゅう》は、獲麟を聞いた孔子が嘆き、「吾が道は窮《きわま》れり」と言ったことを記す。その後、公羊伝は、隠公《いんこう》に始まり哀公に終わる『春秋』がなぜ作られたのかに議論を進める。

［伝］君子曷為為春秋。撥乱世、反諸正、莫近乎春秋。

［注］得麟之後、天下血書魯端門曰、趨作法。孔聖没。［…］秦政起、胡破術、書記散、孔不絶。［…］孔子仰推天命、俯察時変、却観未来、豫解無窮、知漢当継大乱之後、故作撥乱之

法、以授之。

〔伝〕君子はなぜ『春秋』をつくったのか。乱世をおさめ、これを正しきにもどすには、『春秋』より適切なものはないからである。

〔注〕獲麟の後、天は魯《ろ》の端門《たんもん》に血で書かれた文書を下し、「急いで法をつくれ。聖人の孔子が没しようとしている。〔…〕〔今後〕秦の政《せい》〔始皇帝の諱《いみな》〕が起ち、胡《こ》〔亥《がい》、二世皇帝〕が道術を破壊して、書物は散佚してしまうであろうが〔焚書坑儒《ふんしょこうじゅ》の予言〕、孔子〔の『春秋』〕は絶えることはあるまい」とした。〔…〕孔子は仰いで天命を推し量り、伏して時変を察し、はるかに未来まで見通し、前もって永遠の彼方を理解して、漢が大乱の後を引き継ぐことを知ったので、乱をおさめるための法をつくって、漢に授けたのである。（『春秋公羊伝注疏』哀公十四年）

もちろん、何休注は後漢末期の成立であり、司馬遷が董仲舒より受けた春秋公羊学が、このままの解釈であったとは言い難い。それでも、春秋公羊学において、孔子が獲麟を機に周の滅亡を感じ、『春秋』の執筆を始めた、とする大筋は変わるまい。春秋公羊学を修めている司馬遷が、獲麟で筆を擱いたのであれば、司馬遷は漢の滅亡を予感し、孔子の『春秋』と同じように『太史公書』を後世に遺し、乱をおさめるための法を描いて、後王にそれを残そうとしたことになる。これは乱のヒストリアである。

事実、『史記』太史公自序には、次のように記されている。

凡百三十篇、五十二万六千五百字、為太史公書。〔…〕協六経異伝、整斉百家雑語、蔵之名山、副在京師、俟後世聖人・君子。

凡そ百三十篇、五十二万六千五百字、これを太史公書と名付ける。〔…〕〔本書は〕六経《りくけい》の異伝にかない、百家の雑語を整え〔たもので〕、〔原書は亡失せぬよう〕名山に蔵し、副本は京師《けいし》に置いて、後世の聖人・君子を俟《ま》つ。

最後の「後世の聖人・君子を俟つ」は、『春秋公羊伝』哀公十四年の「春秋の義を制し、以て後世の聖人を俟つ（制春秋之義、以俟後聖）」を踏まえた表現である。

武帝本紀が伝わらない理由については、武帝による削除説がある。武帝は、詔の中に『春秋公羊伝』を引用しており、春秋公羊学を知っていた。『史記』の本紀が獲麟で終わる意味を理解できたのであろう。

後漢の第二代皇帝の明帝《めいてい》は、班固に司馬遷の評価を問う詔の中で、司馬遷が『史記』を著したことは、「名を後世に揚《あ》ぐ」べきものであるが、「微文《びぶん》（春秋学に基づき間接的に批判する文）」により当世をそしったことを「誼士《ぎし》（正しい士）」ではない、と批判している。司馬遷が春秋学により武帝を批判していることを明帝は的確に理解していた。司馬遷の『史記』執筆の思想的な背景は春秋公羊学にあり、その執筆目的は春秋の微言により武帝を批判することにあった。

司馬遷の著作の目的は、「天道是《ぜ》か非《ひ》か」という列伝の最初に置かれる伯夷《はくい》伝の問いかけとなって表現される。義人であるはずの伯夷と叔斉《しゅくせい》が、餓死という惨めな死を遂げることに対しての疑問である。この言葉には、司馬遷自身が、李陵の弁護という正しい行いをしながらも、宮刑という屈辱的な刑罰を受けたことに対しての悲痛な思いが根底にある。

司馬遷は、自らを『春秋』を著した孔子に準《なぞら》え、自分の筆によって、そのままにしておけば消えてゆく運命にある高義の士の名を後世に伝えようとして『史記』を著した。世の乱を批判することで、あるべき姿を示そうとしたのである。それが、春秋家に分類される『史記』の本質であった。

2　治のヒストリア

1　『漢書』の編纂過程と『史記』への批判

『漢書』は、前漢《ぜんかん》時代を記した史書で、後漢《ごかん》の班固《はんこ》の撰である。高祖劉邦《こうそりゅうほう》から王莽《おうもう》に至る時期を扱うが、王莽は列伝《れつでん》として記し、その即位を認めない。『史記』が通史であることに対して、『漢書』は初めて断代史《だんだいし》（一つの国家に区切っての歴史書）の形式をとった紀伝体《きでんたい》の史書であり、後の正史の典型となった。『漢書』の制作は、父の班彪《はんぴょう》が司馬遷《しばせん》の『史記』を継いで書いていた『後伝《こうでん》』に始まる。班彪の叔父班斿《はんゆう》が劉向《りゅうきょう》と共に秘府《ひふ》（宮中の書庫）の校書《こうしょ》（本の校勘と整理）にあたり、朝廷から『史記』などの秘府の副本を下賜されていたことも、それを可能にする条件の一つであった。

班固は、父の死後、『後伝』の整理・続修を始めたが、「密かに家で国史を改作している」と密告され、獄に繋がれ著作と蔵書を没収された。西域《せいいき》で活躍していた弟の班超《はんちょう》が、洛陽《らくよう》に助命に赴き上書を行い、また明帝《めいてい》が班固の著作の出来に感心したこともあって、釈放された。班固は、蘭台令史《らんだいれいし》に任命されると、世祖《せいそ》本紀（後漢の建国者光武帝の本紀）、ついで列伝・載記を撰述する。そして明帝の命により、『漢書』の本格的な執筆を開始し、以後二十年の歳月をかけ章帝《しょうてい》の建初《けんしょ》年間（七六―八三年）に、一応の完成をみた。

章帝期には、宮中で進講にあたり、また天下の儒者が五経《ごきょう》の異同や解釈について討議した白虎観《びゃっこかん》会議の記録を『白虎通《びゃっこつう》』としてまとめた。また、竇皇后の兄である大将軍竇憲《とうけん》のもと、北匈奴《きたきょうど》の討伐にも従軍している。しかし、永元《えいげん》四（九二）年、和帝《わてい》が専権を振るう竇憲一派の逮捕を命ずると、竇氏一族の娘を娶っていた班固は連座して獄死した。そののち、未完であった八表と天文志を妹の班昭《はんしょう》と馬続《ばぞく》が完成する。

『漢書』は、もともと『史記』の『後伝』として編纂されたものである。ただし、班彪は、単に『史記』の続編を著述しようとしたのではなく、『史記』の短所を改めることを目的の一つとしていた。『後漢書《ごかんしょ》』班彪伝によれば、班彪は『史記』の改めるべき点として、次の四つを掲げている。

第一は、多くの見聞や記録を載せるよう努めたため、史実の選択を厳正にしていないこと。第二は、黄老《こうろう》思想を尊んで五経を軽んじるなど、儒教を価値基準の中心としないこと。第三は、項羽《こうう》を本紀に、陳勝《ちんしょう》を世家に立てるなど、紀伝体の体裁を破っていること。第四は、名だけで字がなく、県だけで郡が記されないなど、人名や地名の表記に統一性がないことである。班彪の『後伝』、これを継承した班固の『漢書』は、これら『史記』の欠点を補う特徴を持っている。

2 『漢書』の特徴

『漢書』の特徴の第一は、資料・作品を原文に近い形で掲げることにある。たとえば、『漢書』東方朔《とうほうさく》伝には、「答客難（客の難に答ふ）」と「非有先生論（非有先生の論）」を『文選《もんぜん》』とほぼ同内容で引用する。これに対して、『史記』滑稽《こっけい》列伝に含まれる東方朔伝は、文字の異同が多い不完全な「答客難」を引用するのみである。そして、『漢書』は、引用の後に、「答客難」と「非有先生論」の二篇が、東方朔の文辞の中で最も良いとし、これらが劉向《りゅうきょう》の『別録《べつろく》』に著録される東方朔の真作であり、世が伝える他の文は真作ではない、と作品の真偽を論じている。ここに、「史」の方法論である外的史料批判の芽生えを見ることができる。

第二は、儒教を価値観の中心に置くことにある。このため、前漢の全盛期である武帝《ぶてい》のときに、儒者の董仲舒《とうちゅうじょ》の献策により、太学《たいがく》に五経博士《ごきょうはくし》が置かれると共に、諸子を退け、儒教を一尊することが定められた、と事実とは異なる記述を行っている（福井 二〇〇六）。そこには、劉向・劉歆《りゅうきん》に大きな影響を与えた董仲舒を顕彰すると共に、前漢が儒教を一尊していた、と著そうとする意図を見ることができる。その時代にあった事実ではなく、在るべき姿を描こうとするのである。規範として治を描く、治のヒストリアの特徴がここにある。また、律暦《りつれき》志は、劉歆の三統暦《さんとうれき》の精緻な構造を記録し、五行《ごぎょう》志は、董仲舒・劉向・劉歆の災異への解釈を掲げ、古今人表《ここんじんぴょう》は、董仲舒学派の性三品《せいさんぴん》説に基づき人物を九等に分類する。このように、董仲舒－劉歆を自らの学統の祖として尊重することは、『漢書』の大きな特徴である。

　第三は、紀伝体の体裁を整えたことにある。『史記』では、本紀に置かれていた項羽の記述を項《こう》籍《せき》（羽は字《あざな》）列伝に移動した。また、『史記』では、順不同に置かれていた夷狄の伝を列伝の終わりに集めて、華夷《かい》の別を明らかにしたこと、および、刺客《せっかく》・滑稽《こっけい》列伝を外したことも、儒教に基づき紀伝体の体裁を整える試みと言えよう。

　第四は、漢堯後説《かんぎょうこう》に基づき、漢の正統性を説くことにある。漢堯後説は、『春秋左氏伝《しゅんじゅうさしでん》』を論拠に、漢の祖先を堯の末裔とする説で、劉歆が漢火徳《かんかとく》説と共に主張した。漢火徳説は、相生《そうしょう》の五徳《ごとく》終始説《しゅうし》に基づき、同じく『春秋左氏伝』により、古帝王の系譜に少昊《しょうこう》を入れることで実証される。漢堯後説による漢の正統化は、すでに班彪の「王命論《おうめいろん》」に見られるが、『漢書』は高帝紀（高祖劉邦の本紀）の賛《さん》で次のように漢堯後説を述べている。

　漢承堯運、徳祚已盛。断蛇著符、旗幟上赤。協于火徳。自然之応、得天統矣。

漢は帝堯の前運を承けて、帝王としての徳を盛んにした。〔高祖劉邦は〕白蛇を斬ってその符をあらわし、旗幟《きし》に赤を尊んだことは、〔五行のうち〕火徳〔に当たる漢〕に相応《ふさわ》しい。〔こうした〕自ずからなる応報により、〔漢は〕天下を統治する帝王となったのである。

（『漢書』巻一下高帝紀下）

ここでは、漢が天命に応じて成立した正統性を持つことが、漢堯後説と漢火徳説によって論証されている。『漢書』が劉歆の思想の影響下に編まれた史であることを確認できる。そして、『史記』のように、国家の興亡を乱に焦点を当てて描くのではなく、漢の治が、いかに正統であるのかを論証するために、董仲舒－劉歆の思想に従って、史を構築している。こうして、治のヒストリアは、後世が依拠すべき規範となったのである。

3　漢の『尚書』を著す

班固は、『漢書』執筆の理由を『漢書』叙伝《じょでん》の中で、次のように述べている。

固以為、唐・虞・三代、詩・書所及、世有典籍。故雖堯・舜之盛、必有典・謨之篇、然後揚名於後世、冠徳於百王。故曰、巍巍乎其有成功也、煥乎其有文章也。漢紹堯運、以建帝業、至於六世、史臣乃追述功徳。私作本紀、編於百王之末、廁於秦・項之列、太初以後、闕而不録。故探篹前記、綴輯所聞、以述漢書。起于高祖、終于孝平・王莽之誅、十有二世、二百三十年、綜其行事、旁貫五経、上下洽通、為春秋考紀・表・志・伝凡百篇。

固《わたし》が考えるに、唐堯《とうぎょう》と虞舜《ぐしゅん》と三代《さんだい》〔夏《か》・殷《いん》・周《しゅう》〕のことは、『詩経《しきょう》』・『尚書《しょうしょ》』の〔記述が〕及ぶ範囲であり、代々典籍がある。それゆえ堯や舜が盛世であると言っても〔それだけで伝わった訳ではなく〕、必ずこれら「典《てん》・謨《ぼ》」の諸篇があって、はじめてその名が後世に高まり、その徳が百王に冠絶したのである。このことを〔『論語』は〕、「巍巍《ぎぎ》乎《こ》として其《そ》れ成功有《あ》り、煥《かん》乎《こ》として其れ文章有り」と言っている。漢は堯の命運を紹継して、帝業を建てたが、六世〔の武帝〕に至って、史臣〔の司馬遷〕がようやく功徳を追述した。〔しかし、司馬遷は『史記』で〕私に本紀を作り、〔漢の歴史を〕百王の後に置き、秦《しん》〔の始皇帝〕や項羽《こうう》などと同列にし、〔しかも〕太初《たいしょ》年間（前一〇四―一〇一年）より後は、欠けて記録がない。このため〔わたしは〕前代の記録を探し選び、伝聞した所を綴り輯《あつ》めて、漢書を述作した。高祖《こうそ》より記述し、平帝《へいてい》および王莽《おうもう》の誅殺に終わるまで、十二世、二百三十年にわたり、その行事を総べ、あまねく五経《ごきょう》〔の義〕を貫き、これを上下にあまねく通じて、春秋考紀《しゅんじゅうこうき》・表・志・伝をつくること凡《およ》そ百篇とした。（『漢書』巻一百　叙伝下）

班固の「叙伝」の冒頭は、父班彪《はんぴょう》の「略論《りゃくろん》」を継承している。しかし、班彪の「略論」が、

「唐・虞・三代は、詩・書の及ぶ所にして、世々史官有りて、以て典籍を司る。諸侯に倚《およ》びて、国ごとに自ら史有り」と、諸侯に「史」があって、それが孔子の『春秋』編纂へと継承されていく論を展開することに対して、班固は、傍点部に記される諸侯の「史」を問題としない。漢は、「帝業を建てた」ものであり、諸侯ではないからである。したがって、漢の史の規範とすべきは『春秋』ではなく、「堯・舜」の「名を後世に高」めた「典・謨の諸篇」である。「典・謨」は、班固が修めた古文『尚書』では、堯典《ぎょうてん》篇・舜典《しゅんてん》篇、大禹謨《だいうぼ》篇・皐陶謨《こうようぼ》篇・益稷《えきしょく》篇のことで、堯・舜・禹《う》を記録する部分である。班固は、『漢書』の規範を『尚書』の「典・謨」に求める歴史観を持つのである。

続けて引用する「巍巍《ぎぎ》乎《こ》として其《そ》れ成功有《あ》り、煥乎《かんこ》として其れ文章有り〈堯は〉高く大きな業績を打ち立て、〈それを伝える〉輝かしい文章があった〉」は、孔子が文の重要性を説く『論語』泰伯《たいはく》第八の章である。漢は、「堯の命運を紹継して、帝業を建てた」にもかかわらず、武帝のときの「史臣」司馬遷が「私」的に「本紀を作り」、漢を百王の後に置き、秦や項羽と同列視した。班固はこのため『漢書』を「述」べた、というのである。「述」は、『論語』述而第七の「述べて作らず（述而不作）」を踏まえている。孔子が、堯の「成功」を「述」べたものは、『春秋』ではない。

班固は、孔子が『尚書』を「簒《せん》（撰と同じ）」するにあたり、「上は堯に断ち、下は秦に訖《を》はる、凡《およ》そ百篇」であった、と『漢書』芸文志《げいもんし》に明記している。堯の「成功」は、孔子が『尚書』に「述」べたのである。班固が、「前代の記録を探し簒《えら》び」、「高祖より記述し、平帝および王莽の誅殺に終わるまで」を『尚書』と同じ巻数となる百巻の『漢書』に「述」べたのは、このためである。

漢堯後説によれば、高祖は、堯の末裔なのである。班固は、『史記』はもとより、父班彪の『後伝《こうでん》』が『春秋』を書き継ごうとしたことを「諸侯」の「史」に過ぎないとみなし、『尚書』を継承して『漢書』を述べた。それは孔子の業に匹敵する営為であった。

『春秋左氏伝』は、春秋時代を賛美するために書かれたものではなく、春秋時代を題材として、「君子曰く」などの評により、時代への毀誉褒貶《きよほうへん》を明らかにし、乱への批判を鑑に現世を警告するものであった。これに対して、『尚書』は、聖王の言葉を書き留めることにより、聖王の御世を賛美し、その治を現世の規範とするものである。漢を聖王の御世と位置付けたい班固が、『尚書』を継承するのは当然のことであった。班固の『漢書』は、『尚書』の「典・謨」を継承するものである。『漢書』各巻の末尾に記される班固の言葉が、『春秋』の「君子曰く」や、その流れを汲む『史記』の「太史公《たいしこう》曰く」という批評ではなく、「賛《さん》」として表現されることは、治のヒストリアである『漢書』の規範性を端的に物語る。

班固の『漢書』は、漢の「典・謨」（『尚書』）として、史学を儒教に組み込むものなのである。その際、規範とした儒教経典は、諸侯の「史」である『春秋』ではなく、帝王の治を描く「史」である『尚書』であった。父班彪の著した『後伝』が、『史記』を批判しながらも、『春秋』を継承するその歴史観を継承したこととは異なり、班固は『史記』の続成からは断絶していた。そして、『尚書』を継承する「史」であることを示すために、堯から始まり秦の穆公の悔恨で終わる『尚書』に準えて、高祖から始まり王莽の悪政で終わるよう、『漢書』を構成した。ここに『漢書』は、史書の儒教化を達成したのである（以上（渡邉 二〇一六b））。後世の規範となる治のヒストリアは、『尚書』に基づいて編纂されたのである。

3 古典中国と発奮著書

『史記』と『漢書』は、前漢の高祖《こうそ》劉邦《りゅうほう》から武帝期までは、記述が重複する。もちろん、先行する『史記』の文章を『漢書』が踏襲することは多いが、班彪《はんぴょう》の『史記』批判を踏まえて著された『漢書』は、『史記』とは異なる体裁と記述を持つ史書となっている。したがって、両者の優劣を論ずる議論が、後漢・三国時代以降、繰り広げられていく。

梁《りょう》の劉勰《りゅうきょう》『文心雕龍《ぶんしんちょうりゅう》』史伝篇は、『史記』と『漢書』を比較し、それぞれ二点ずつその長所と短所をあげている。『史記』については、事実を有りのままに記して隠蔽しないこと、博識で雄弁な才能を持つことを評価し、怪奇を好んで経書に反すること、執筆方針が矛盾することを批判している。『漢書』については、経書《けいしょ》を大本として聖人《せいじん》を基準とする執筆方法と多方面にわたる豊かな叙述を評価し、親の功績を忘れてその美点を盗んだ罪、賄賂を求めて文章を売り物にした過ちを批判している。ともに二点ずつの長所と短所であるため、劉勰は『史記』と『漢書』を同列視しているように見える。しかし、史とは何かという記述を見ると、劉勰が評価しているものは『漢書』であることが分かる。

原夫載籍之作也、必貫乎百氏、被之千載、表徴盛衰、殷鑒興廢。〔…〕是以立義選言、宜依経以樹則。勧戒与奪、必附聖以居宗。

史籍が著作されるのは、あらゆる人物を取りあげて、これを千年の後に伝え、盛衰を明らかに表し、興廃をみる殷の鑑《かがみ》とするためである。〔したがって、史を著す際には〕義を立て言葉を選ぶには、経書に依拠して則《のり》を立てなければならない。〔何を〕勧《すす》め〔何を〕戒《いまし》め〔何を〕是とし〔何を〕否とするかは、必ず聖人〔の規範〕に附すことを宗《むね》としなければならない。

（『文心雕龍』史伝第十六）

劉勰は、史は興廃を照らしみる鑑であるという『詩経《しきょう》』以来の儒教的歴史観に基づき、史を著す際にも、経書と聖人に依拠しなければならないとする。『漢書』の美点として掲げていたことと、そのまま同じである。劉勰が、儒教に基づき規範としての「古典中国」を描いた『漢書』を高く評価していることを理解できよう。

劉勰の『文心雕龍』は、文学論としては、経書そのものを「文」の最高峰としながら、文学の範疇に経書を組み込むことにより、文学を儒教の枠組みの中に整序し直すものであった（渡邉二〇一五）。『史記』に対しては、経書に反することを批判し、経書と聖人に基づく治のヒストリアである『漢書』を評価するのは、文学と同様、史学を儒教の枠組みの中に収めようとするものと考えてよい。

また、梁をはじめとした南朝は、華北を胡族《こぞく》に奪われたため、「漢」を理想としていた。はるかに遠い周ではなく、武帝のときに匈奴《きょうど》を撃破した中国の「古典」時代である「漢」を断代史として描く『漢書』が高い評価を受ける理由はここにもある。

南北朝を統一した隋《ずい》、そして唐《とう》においても、『漢書』への高い評価は続いた。『漢書』学は、儒教の『礼記《らいき》』学、文学の『文選《もんぜん》』学と並んで、唐初の「三顕学《さんけんがく》」と評された。貞観《じょうがん》十五（六四一）年、『漢書』に注をつけた顔師古《がんしこ》は、『三国志』に注を付けた劉宋《りゅうそう》の裴松之《はいしょうし》が創設した様々な史料を挙げて内的・外的史料批判を行う「史」の方法（渡邉 二〇〇三）ではなく、訓詁《くんこ》を基本とし、字音の解釈、さらに名物、制度を解釈した（吉川 一九七九）。『漢書』という「史」を「経《けい》」の注釈方法で解釈したと言ってよい。顔師古は、経書に準《なぞら》えて『漢書』に注を付けたのである。『文心雕龍』が『史記』と比べて評価した、経書と聖人に依拠する『漢書』の特徴に適した注であると言えよう。

初唐の劉知幾《りゅうちき》も、史学理論の書である『史通《しつう》』において、『漢書』を『史記』よりも評価するように、経典に準ずる扱いを受けた『漢書』に対して、『史記』は不遇であった。そうした中、『史記』を高く評価した者が、中唐の韓愈《かんゆ》である。韓愈は、門人の孟郊《もうこう》の不遇に対し、送別会の折に、「孟東野を送るの序（送孟東野序）」という文章を書き、孟郊を励ました。その中で韓愈は、人は不遇の状態にあってこそ、すぐれた「文」を著すことができるという「不平の鳴《めい》」という文学理論を展開する〔林田 一九七九〕。司馬遷は、その中で評価される。

大凡物不得其平則鳴。［…］其於人也亦然。［…］凡載於詩書六芸、皆鳴之善者也。周之衰、孔子之徒鳴之、其声大而遠。伝曰、天将以夫子為木鐸。其弗信矣以乎。［…］漢之時、司馬遷・相如・揚雄、最其善鳴者也。其下魏晉氏、鳴者不及於古。［…］其存而在下者、孟郊東野、始以其詩鳴。其高出魏晉、不懈而及於古、其他浸淫乎漢氏矣。

おおよそ物は不平のときに鳴る。［…］人の場合もそうである。［…］およそ『詩経』『尚《しょう》書《しょ》』など〔儒教の〕六芸《りくげい》の経書に載せるものは、みな鳴る善いものである。周が衰えると、孔子たちが鳴り、その音は大きく遠くまで聞こえた。『論語《ろんご》』に、「天は孔子を〔世を戒める〕木鐸《ぼくたく》としようとしている」とある。〔孔子が善く鳴ることは『論語』にも記載される〕信頼できることである。［…］漢の時には、司馬遷・司馬《しば》相如《しょうじょ》・揚雄《ようゆう》が、最も善く鳴る者であった。魏《ぎ》晉《しん》に下ると、鳴る者は古《いにしえ》に及ばなくなった。［…］いま生きていて低い地位にいる者では、孟郊〔字は〕東野が、その詩により鳴り始めている。その詩の高きは魏晉を超え、怠らなければ古に及び、漢代に近づいていくことであろう。

(『韓昌黎文集《かんしょうれいぶんしゅう》』送孟東野序)

韓愈は、孔子が世の木鐸として良く鳴った理由をその不遇に求める。したがって、『春秋』は、孔子が発奮して著した書となろう。漢では、司馬遷と並んで賦《ふ》家の司馬相如・揚雄が良く鳴ったとされるが、漢の賦家を代表して『文選』の筆頭に「両都賦《りょうとのふ》」を収録される班固は、鳴ったとはされない。韓愈が、『尚書』に基づいて治を描いた『漢書』よりも、『春秋』に倣《なら》って司馬遷が発奮著書した『史記』を高く評価していることは明らかである。

それでも、孟郊の詩が近づくべき理想として漢を挙げるように、「古典中国」となった漢を規範として描く『漢書』への評価は下がらなかった。韓愈を自らの道統《どうとう》に位置付けている南宋の朱熹《しゅき》ですら、『史記』は疎《そ》にして爽《そう》であり、『漢書』は密にして塞《さい》である、と双方の長所を認めている。もちろん、明の古文辞《こぶんじは》派のように『史記』を高く評価する者たちもいたが（大木 二〇〇八）、おしなべて前近代においては、『漢書』の評価の方が高かった。規範となる「古典中国」を描く治のヒストリアが尊重されたのである。

これに対して、近代以降は『史記』の文学性が評価されていく。近代は、「古典中国」を自らの規範とはしないためである。たとえば、近代中国文学の父魯迅《ろじん》は、『史記』について、『春秋』の義に背《そむ》くといっても、もとより史家の絶唱であり、無韻《むいん》の「離騒《りそう》」であることを失わない、と述べて、『史記』の文学性を『楚辞《そじ》』に準えて高く評価している。近代において、『漢書』だけではなく『史記』も同様に、中国の規範を示す治と乱のヒストリアではなくなったとき、人々は文学性において『史記』を高く評価するに至ったのである。

底本

十三経注疏整理委員会編『毛詩正義』、北京、北京大学出版社、二〇〇〇年
十三経注疏整理委員会編『春秋左氏伝注疏』、北京、北京大学出版社、二〇〇〇年
十三経注疏整理委員会編『春秋公羊伝注疏』、北京、北京大学出版社、二〇〇〇年
十三経注疏整理委員会編『周易正義』、北京、北京大学出版社、二〇〇〇年
十三経注疏整理委員会編『尚書正義』、北京、北京大学出版社、二〇〇〇年
司馬遷（著）、滝川亀太郎（会注考証）『史記会注考証』、東方文化学院東京研究所、一九三二年
班固『漢書補注』、王先謙補注、北京、中華書局、二〇〇八年
范曄『後漢書集解』、王先謙集解、長沙、虚受堂、一九一五年
何晏撰『論語集解』元覆宋世綵堂本、台北、国立故宮博物院、一九七〇年
劉勰『文心雕龍校注』、楊明照校注拾遺、北京、中華書局、二〇〇〇年
韓愈『韓昌黎文集校注』、馬其昶校注、上海、上海古籍出版社、一九八六年

参考文献

渡邉義浩「「春秋左氏伝序」と「史」の宣揚」、『狩野直禎先生米寿記念三国志論集』、三国志学会、二〇一六年a
加賀栄治『中国古典解釈史 魏晋篇』、勁草書房、一九六四年
佐藤武敏『司馬遷の研究』、汲古書院、一九九七年
藤田勝久『史記戦国列伝の研究』、汲古書院、二〇一一年
福井重雅『漢代儒教の史的研究——儒教の官学化をめぐる定説の再検討』、汲古書院、二〇〇五年
渡邉義浩「『漢書』における『尚書』の継承」、『早稲田大学大学院文学研究科紀要』六一－一、二〇一六年b
渡邉義浩『「古典中国」における文学と儒教』、汲古書院、二〇一五年
渡邉義浩「「史」の自立——魏晉期における別傳の盛行について」、『史学雑誌』一一二－四、二〇〇三年

吉川忠夫「顔師古の『漢書』注」、『東方学報』五一、一九七九年
林田愼之助「韓愈における発憤著書の説」、『中国中世文学評論史』、創文社、一九七五年
大木康『『史記』と『漢書』――中国文化のバロメーター』、岩波書店、二〇〇八年

著　者

伊東貴之（いとう・たかゆき）本巻編者
国際日本文化研究センター教授・総合研究大学院大学教授。専門は中国近世思想史、日中比較文学・思想、東アジア文化交流史。主な著作に、『思想としての中国近世』（東京大学出版会、2005）、『「心身／身心」と環境の哲学——東アジアの伝統思想を媒介に考える』（編著、汲古書院、2016）、『中国という視座』（共著、平凡社、1995）など。

渡邉義浩（わたなべ・よしひろ）
早稲田大学文学学術院教授。専門は中国古代思想史。主な著作に、『三國志よりみた邪馬臺國——国際関係と文化を中心として』（汲古書院、2016）、『「古典中國」における文學と儒教』（汲古書院、2015）、『三国志——英雄たちと文学』（人文書院、2015）、『三国志——演義から正史、そして史実へ』（中公新書、2011）など。

林 文孝（はやし・ふみたか）
立教大学文学部教授。専門は中国哲学。主な著作に、『コスモロギア——天・化・時』（共著、法政大学出版局、2015）、『「封建」・「郡県」再考——東アジア社会体制論の深層』（共著、思文閣出版、2006）、『比較史のアジア——所有・契約・市場・公正』（イスラーム地域研究叢書 4、共著、東京大学出版会、2004）など。

シリーズ・キーワードで読む中国古典　4
治乱のヒストリア
華夷・正統・勢

2017年3月15日　初版第1刷発行

編　者　伊東貴之
著　者　伊東貴之・渡邉義浩・林 文孝
発行所　一般財団法人　法政大学出版局
〒102-0071 東京都千代田区富士見2-17-1
電話03(5214)5540／振替00160-6-95814
組版：HUP　印刷：ディグテクノプリント　製本：誠製本
装幀：奥定泰之

ISBN978-4-588-10034-5　Printed in Japan

索引

サ行

タ行

ナ行

ハ行

マ行

ヤ行

ラ行

ワ行